熱血会計士が教える
会社を潰す社長の財務！勘違い

税理士法人 古田土会計
代表社員 公認会計士
古田土 満

はじめに　財務を知らない社長が会社を潰す！

税理士・公認会計士として、また会計事務所の経営者として、40年近く、3000社以上の中小企業を見てきた経験からハッキリと言えることがあります。それは、財務や経営の方法論で大きな勘違い・間違いを犯し、会社の経営に失敗する社長が実に多いということです。

こうした社長は、財務の本質をきちんと理解さえしていれば犯さないはずのミスを犯し、知らず知らず落とし穴に落ちています。知らないが故に罠にハマり、多くのムダなお金と時間を費やしているのです。私は、こうした経営者の姿を見聞きするたびに、ちゃんと理解していればどの失敗も防げたはずなのに……と、なんとも歯がゆく、やるせない思いを抱いてきました。

中小企業の経営者が財務面での失敗を避けられれば、自ずと会社の財務状況は好転し、経営は安定していきます。会社の利益は上がり、内部蓄積も増え、自己資本比率は高くなっていくのです。会社としてムダな出費を抑えられますから、社員にもっと多くの給料・賞与を払えますし、さらなる利益拡大のためにタイミングよく有効な投資もできるようになります。結果が結果を生み出す、経営の好循環に入るのです。

逆に、社長が財務を分かっていなかったり、数字の持つ意味を把握していなかったりすると、判断を誤る危険性は高いままです。財務面で大きなミスを犯せば損失は取り返しのつかない大きなものになり、最悪の場合、倒産します。高成長がなかなか見込めない時代、中小企業の経営者に求められるのは、売り上げ拡大よりも財務面で守りを固める能力といえます。

自らの足元を照らし、先を見通すランタンの役割

本書は、自らが先頭に立って経営のかじ取りをしなくてはならない中小企業経営者に向けた、財務と経営のアドバイスの書です。自らの足元を照らし、先を正しく見通すためのランタンとなるものと自負しています。中小企業の経営者が犯しがちな勘違いや間違いを40個取り上げ、なぜこうした間違いを犯すのか、何が正しい理解なのか、具体的にはどうすればいいのかを、一つ一つ吟味してやさしく丁寧に説明しました。

奇をてらうような、大げさなことは一つも書いていません。経営者と日々接する中でこういう点で大きな勘違いをしていると私が思ってきたこと、感じてきたことをやさしく分かりやす

く書きました。世の中には、中小企業の経営者をミスリードするような情報が数多くあります。一例を挙げると「無借金経営は間違いだ！」というように、きちんとした背景を説明せずに、奇抜な物言いだけで読者の歓心を買おうとするものがあります。しかし、本書を読み、財務や経営の本質を知れば、ウソを含む話を見抜けるようになります。

また、本書で重視したのは、財務や経営の正しい知識だけではなく、社長の人間性の問題です。私は本当にいい会社とは社長が社員から信頼され尊敬されている会社だと確信しています。社長が財務や経営面で正しい選択をするだけでなく、人間性の面でも尊敬されるようになることが中小企業の経営には絶対に必要なのです。そうした社長の人間性と行動が、社員に誇りを持たせ、社員のモチベーションを上げることにつながります。本書ではこうした考え方についても随所で触

れました。もしあなたが、経営上の失敗を減らしたい、社員に夢と希望を持たせる経営をしたいと強く思っているのなら、こうした部分にもぜひ目を通してみてください。

私たち古田土会計グループ（以下、古田土会計）はお客様に税法、会計、人事などを教える会計事務所というだけではなく、「見せる・模範となる・実践する」会計事務所としてお客様のモデルになって「日本中の中小企業を元気にする」という志でやってきました。本書は、私が古田土会計で実践してきたこと、成功してきたことのエッセンスを選りすぐったものです。

本書を読まれることで、私と価値観を共有する経営者が日本で1人でも多く生まれるきっかけになれば幸いです。なお、本書の内容は、中小企業経営者のための月刊経営誌「日経トップリーダー」の連載「高収益体質エクササイズ」の掲載を一つ一つ見直し、新たな知見も加えてまとめたものです。ここには、あなたが求める答えがきっとあるはずです。ぜひ、お役立ていただければ幸いです。

2019年11月吉日　古田土 満

目次

はじめに……2

第1章　社長が知っておくべき「財務の本質」……13

社長の勘違い・その1　財務のことは経理に任せている……14
社長の勘違い・その2　「決算書類」は申告のために作るもの……20
社長の勘違い・その3　利益を2倍にするには売り上げも2倍必要……24
社長の勘違い・その4　儲からなくなるから、値引きはダメ……30
社長の勘違い・その5　一番大事な利益は経常利益だ……36
社長の勘違い・その6　売上高経常利益率が10％ないと社長失格……42
社長の勘違い・その7　現預金は月商の3カ月分……48
コラム　経営コンサルタントのアドバイスはいつも正しい？……52

第2章 「B/Sを読む経営」が会社を強くする……57

社長の勘違い・その8 B/SよりP/Lをこまめにチェック……58
社長の勘違い・その9 B/Sのことはよく分かっている……61
社長の勘違い・その10 P/LもB/Sも、社員全員の努力の結果……66
社長の勘違い・その11 毎年利益が出ているから、うちの会社は安全……70
社長の勘違い・その12 自己資本比率が30%以上なので、うちは安心……74
社長の勘違い・その13 無借金経営だと返済実績がなく、借り入れができない……78
社長の勘違い・その14 銀行が不動産購入を勧めるのは、信用があるから……84
社長の勘違い・その15 運転資金は短期借入金で調達……90
社長の勘違い・その16 借入金の返済原資は税引後利益や減価償却費……94
社長の勘違い・その17 借入限度額は月商の6カ月分……98
社長の勘違い・その18 家賃を払い続けるより自社で不動産を購入……103
コラム 銀行は決算書だけを見て貸すのではない……109

第3章　経営者なら絶対に知っておきたい「資金別B／S」……115

社長の勘違い・その19　売り上げや利益が増えると会社にお金が残る……116

社長の勘違い・その20　「流動比率」が高いから、うちの会社は安全……125

第4章　大きな差が出る「支払い・返済・納税の勘所」……131
社長の勘違い・その21　仕入れ先や経費の支払いより銀行の借入金返済……132
社長の勘違い・その22　支払手形は金利の付かない資金調達法……139
社長の勘違い・その23　受取手形は割り引いて使うもの……145
社長の勘違い・その24　振込手数料は受け取るほうが負担する……149
社長の勘違い・その25　利益を圧縮して、節税したほうが得をする……152
コラム　リスケをすると銀行からお金が借りられなくなる？……159

第5章　社員の報酬、社長の報酬

第5章　社員の報酬、社長の報酬……165
社長の勘違い・その26　業績を上げるために人件費を削る……166
社長の勘違い・その27　もしもに備えて好業績でも賞与は出さない……170
社長の勘違い・その28　うちの賞与は世間より少ない……176
社長の勘違い・その29　社長の給料はいくら高くてもいい……179
社長の勘違い・その30　社員のやる気は人事・給与制度で決まる……183
社長の勘違い・その31　研修費にお金をかけると会社は儲かる……188
コラム　給料と賞与はできる限り現金で手渡し……192

第6章 「経営計画書」で儲かる会社に一直線

第6章 「経営計画書」で儲かる会社に一直線……195
社長の勘違い・その32 計画通りにいかないから計画に意味はない……196
社長の勘違い・その33 経営計画書は社員を鼓舞するためのもの……204
社長の勘違い・その34 年間計画は売り上げ目標から立てる……214
社長の勘違い・その35 計画の達成度は、達成率（%）で見る……220
社長の勘違い・その36 細かい計画は絵に描いた餅。年度目標だけでいい……224
社長の勘違い・その37 計画と実績の比較は管理職や経営陣がする……230
社長の勘違い・その38 計画の未達は厳しく追及するべき……234
社長の勘違い・その39 肝心な数字は社員には見せない……238
社長の勘違い・その40 経営計画は幹部から上意下達で浸透……243
コラム 実例で見る、古田土式「経営計画発表会」……248
おわりに……254

初出 日経トップリーダー2016年5月号～2019年11月号の連載「高収益体質エクササイズ」などの記事を基に構成した

第1章

社長が知っておくべき「財務の本質」

社長の勘違い・その1

財務のことは経理に任せている

「財務は経理任せ」は社長失格

世の多くの社長が財務の本質を理解しておらず、大きな勘違いを犯し、深刻な判断の過ちをしています。勘違いの多くは財務の理解不足から起こるといっても過言ではありません。

社長の仕事は大局を見ることであり、財務の細かいことは経理任せでいいという社長がいますが、これは大きな勘違いです。自ら経営のかじ取りをしなくてはいけない中小企業の社長としては失格だと思います。

社長が正しく経営のかじ取りをするためには財務の本質、とりわけ財務3表の基本を押さえておく必要があります。財務3表とは、言わずと知れた、損益計算書（P／L）と貸借対照表（B／S）、キャッシュフロー計算書（C／F）のことです。

少なくともP／LとB／Sは決算時には必ず作るものであり、上場企業ではC／Fの作成も義務づけられています。3つとも、経営のかじ取りをするために不可欠のツールであり、社長にとっては経営の「三種の神器」ともいえるものです。

財務3表は、経営者でなくてもビジネスをしている方ならいまさら聞けないような常識中の常識ですから、説明されるまでもないと思うかもしれません。そんなことは分かっているという方はここを飛ばしていただいてもかまいません。

でも、財務3表の本質をきちんと理解している方は意外に少ないのです。経営のツールとして活用している方となるとほんの一握りです。

以下、財務3表の基本を簡単に紹介していきましょう。分かっていると思っていたことが、意外に分かっていなかったと驚くはずです。

P／Lは「1年間の企業の経営成績」

では、「損益計算書」（P／L）とは何かから説明しましょう。損益計算書を英語で書くと「Profit and Loss Statement」です。「利益と損失についての計算書」という意味で、P／L（ピーエル）はこの略です。私たちは、より本質を把握できる「変動損益計算書」（変動P／L）というP／Lを月次の経営管理で使います（下図）。本書では原則として変動P／LをP／Lとして取り扱います。

P／Lとは、「売り上げから費用を引いて1年間でどれだけ儲かったかを表す表」であり、「1年間の企業の経営成績」です。

売上高から変動費を差し引いたものが粗利益、いわゆる「粗利」（あらり）です。粗利益から固定

変動損益計算書（変動 P/L）

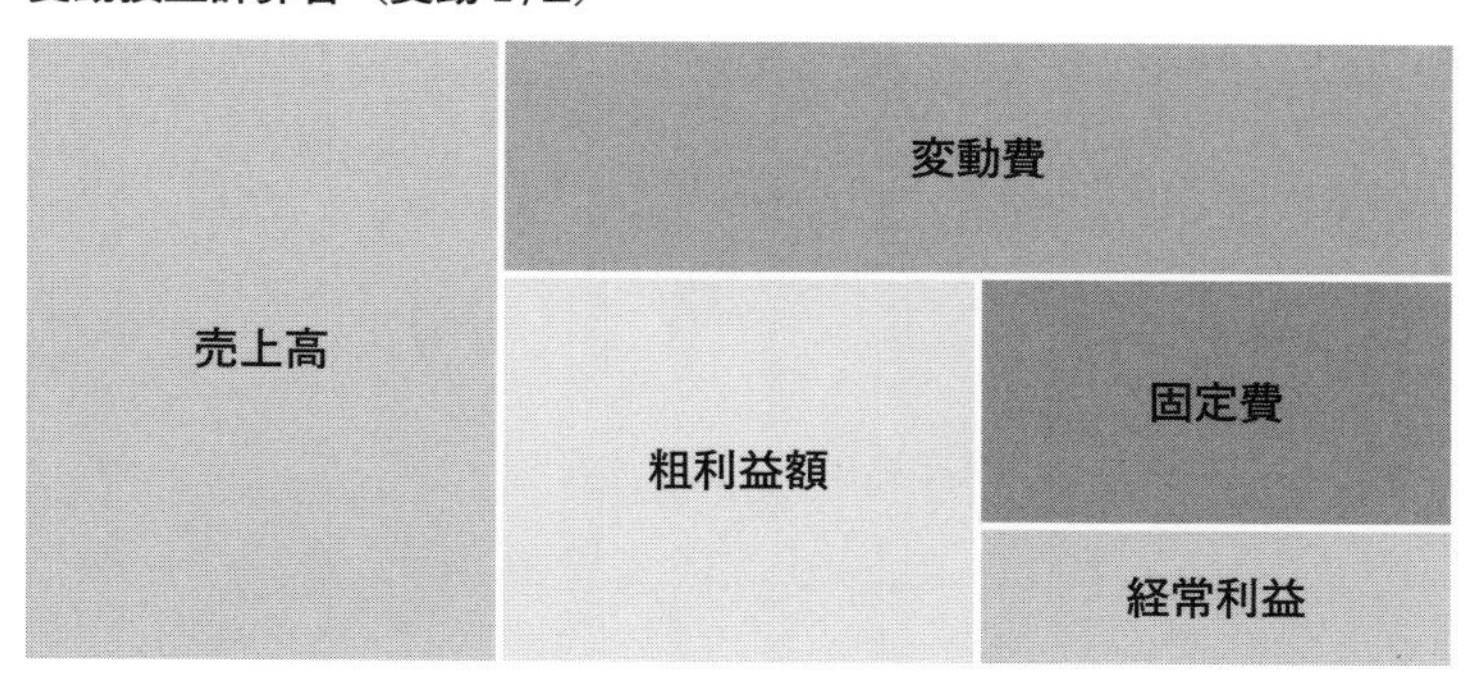

変動損益計算書（変動 P/L）とは、すべての費用を「変動費」と「固定費」に分ける考え方で作られた損益計算書（P/L）。経営分析に使われるもので、一般的な P/L よりシンプルで収益構造を把握しやすい特色がある

費を差し引くと経常利益が出ます。売上高と粗利益、固定費、経常利益、これらが重要で、経営者は経常利益を売上高で割った「売上高経常利益率」を高めることを目指します。

B／Sは「会社に残っている財産」

P／Lと並ぶ財務諸表の代表が「貸借対照表」（B／S）です。英語では「Balance Sheet」。「バランスシート」、もしくは、「ビーエス」と呼びます。簡単に言うと「会社に残っている財産」を示す表であり、「会社創立から現在までの経営の累積」です。B／Sを見れば代々の経営者がどんな経営をしてきたかハッキリ分かります。

B／Sの右側はお金の「集め方」を示したものです。「負債」と「自己資本」（純資産）から成ります。

貸借対照表（B/S）が示す意味

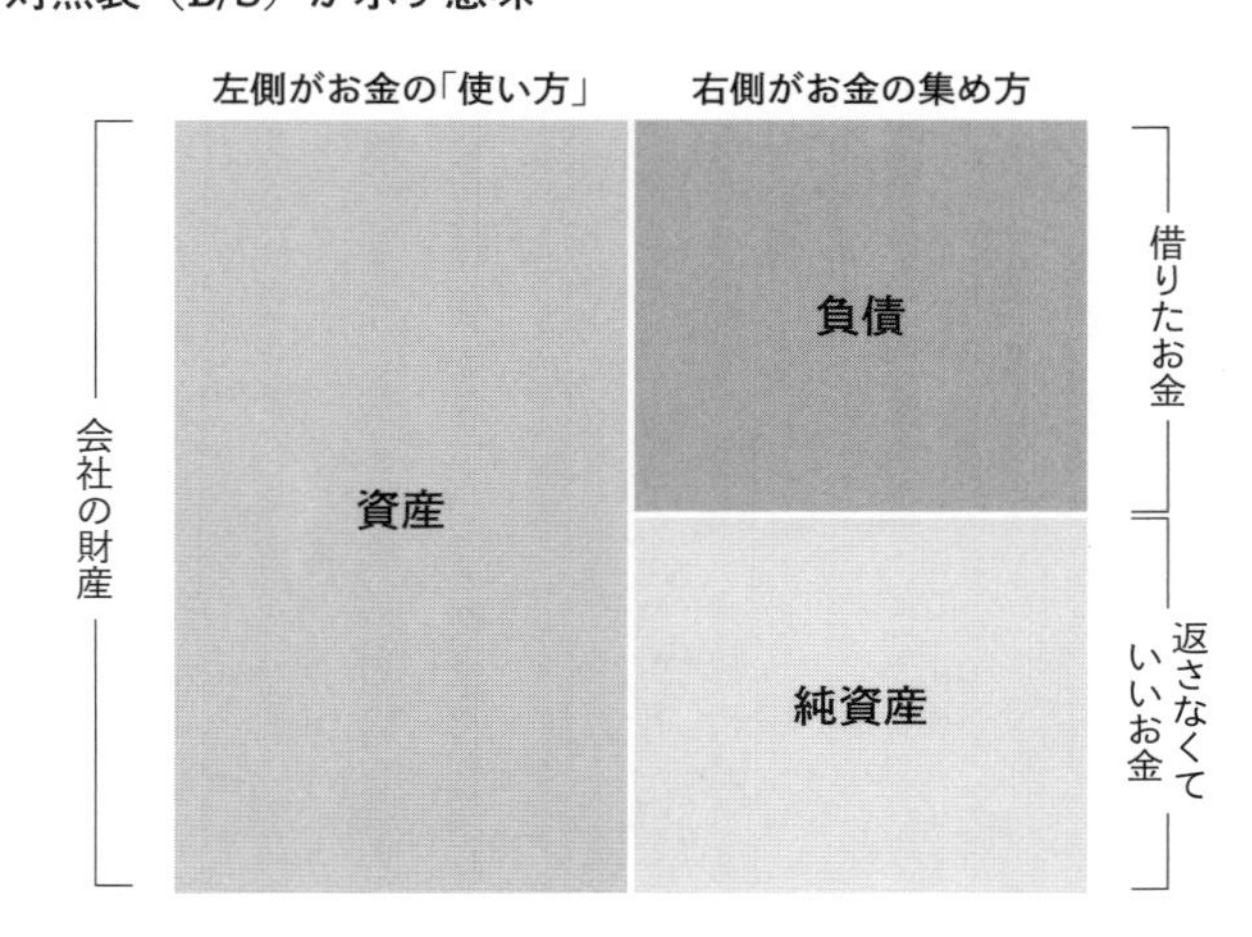

一方、左側は集めたお金の「使い方」です。つまり、集めたお金がどんな「資産」に変わったかを示しています。

B／Sはお金の集め方とその使い方を示すものですから、自ずと左右の金額はバランスします。名称の由来が分かりますね。このB／Sという表の高さに当たる「総資産」に占める純資産の比率である「自己資本比率」を高めることが経営の目的となります。

「現預金の流れ」を見るC／F

3つ目のキャッシュフロー計算書（C／F）は英語では「Cash Flow statement」と言います。以前は、決算書類と言えばP／LとB／Sの2つでしたが、今では国際的に統一された会計基準が取り入れられ、上場企業ではC／Fの作成が義務づけられています。

たとえP／L上で利益が出ていても、すぐに使える現預金が少ないと、いきなり借金の返済を迫られたり、支払いを求められたりしたときに、資金ショートしてしまいます。こうならないように、儲けた利益はどこに消えたのか、手元に現預金がいくらあるかを常に見えるようにするのがC／Fです。左ページの下図は本質を理解するための大まかなC／Fですが、古田土会計ではさらに分かりやすい独自のC／Fを作って活用しています。

Ｃ／Ｆは、１年間、または期首から現在まで儲けた利益がどこに消えたのかを社長に教えてくれるものです。

社長がお金に対する対策を打つためには、Ｃ／Ｆを毎月見る必要があります。このために当月分のＣ／Ｆと累計分のＣ／Ｆを作成しなければなりません。中小企業では決算のときに年１回Ｃ／Ｆを作るだけでは何の役にも立ちません。

Ｃ／Ｆの中で重要になるのが、営業活動によるキャッシュフローと投資活動によるキャッシュフローを合わせた「フリーキャッシュフロー」と現時点での現預金の残高です。

キャッシュフロー計算書の例

キャッシュフロー計算書　（単位：百万円）	
当期純利益	20.4
Ⅰ　営業活動によるキャッシュフロー	
営業活動による純キャッシュの増減	25.0
Ⅱ　投資活動によるキャッシュフロー	
投資活動による純キャッシュの増減	△ 10.0
フリーキャッシュフロー（ＦＣＦ＝Ⅰ＋Ⅱ）	35.4
Ⅲ　財務活動によるキャッシュフロー	
財務活動による純キャッシュの増減	△ 35.8
今期の現預金の増減	△ 0.4
期首の現預金残高	327.7
今期の現預金残高	327.3

社長の勘違い・その2

「決算書類」は申告のために作るもの

決算書類は何のために作るのか？

多くの中小企業の社長が決算書は税務申告のため、銀行からの資金調達のために作るものと思い込んでいます。毎月、月次決算書を作り、損益状況や財産の状態をつかみ経営に役立てている人はほとんどいません。あまりにももったいないことです。

毎月の経営の結果を数字で把握していなくてどうして経営ができるのでしょうか。月次決算書は会社を良くするための対策を社長に教えてくれる優れた経営ツールです。毎月の損益計算書（P／L）、貸借対照表（B／S）、キャッシュフロー計算書（C／F）を分析し、そこから見えてくる問題点に対して対策を打つことこそ、社長の仕事です。年に1回、期末に財務3表を作りそれを眺めるだけでは手遅れになります。

私は、財務3表と後ほど紹介する「経営計画書」こそ中小企業の社長を救う素晴らしい経営ツールであり、それを使わない経営はあり得ないと思っています。

荒波を乗り切るために必要なツール

中小企業は、大海原に浮かぶ小さな船に例えられます。船長である社長は、船の状態を逐次把握し、的確なかじ取りをしなければ荒波は乗り切れません。業績を上げるために、そして倒産のリスクを減らすために、役立つ経営ツールや経営指標はいくらでも欲しい……。これが、中小企業の社長のいつわらざる思いでしょう。

この経営ツールの代表が財務3表であり、経営計画書なのです。これらを日々の経営に使っていくことで初めて正しいかじ取りができます。

ここでは、いくつかある経営ツールをどう使えばいいか大まかに紹介していきます。下の図にそれぞれの役割と関係性を整理しました。

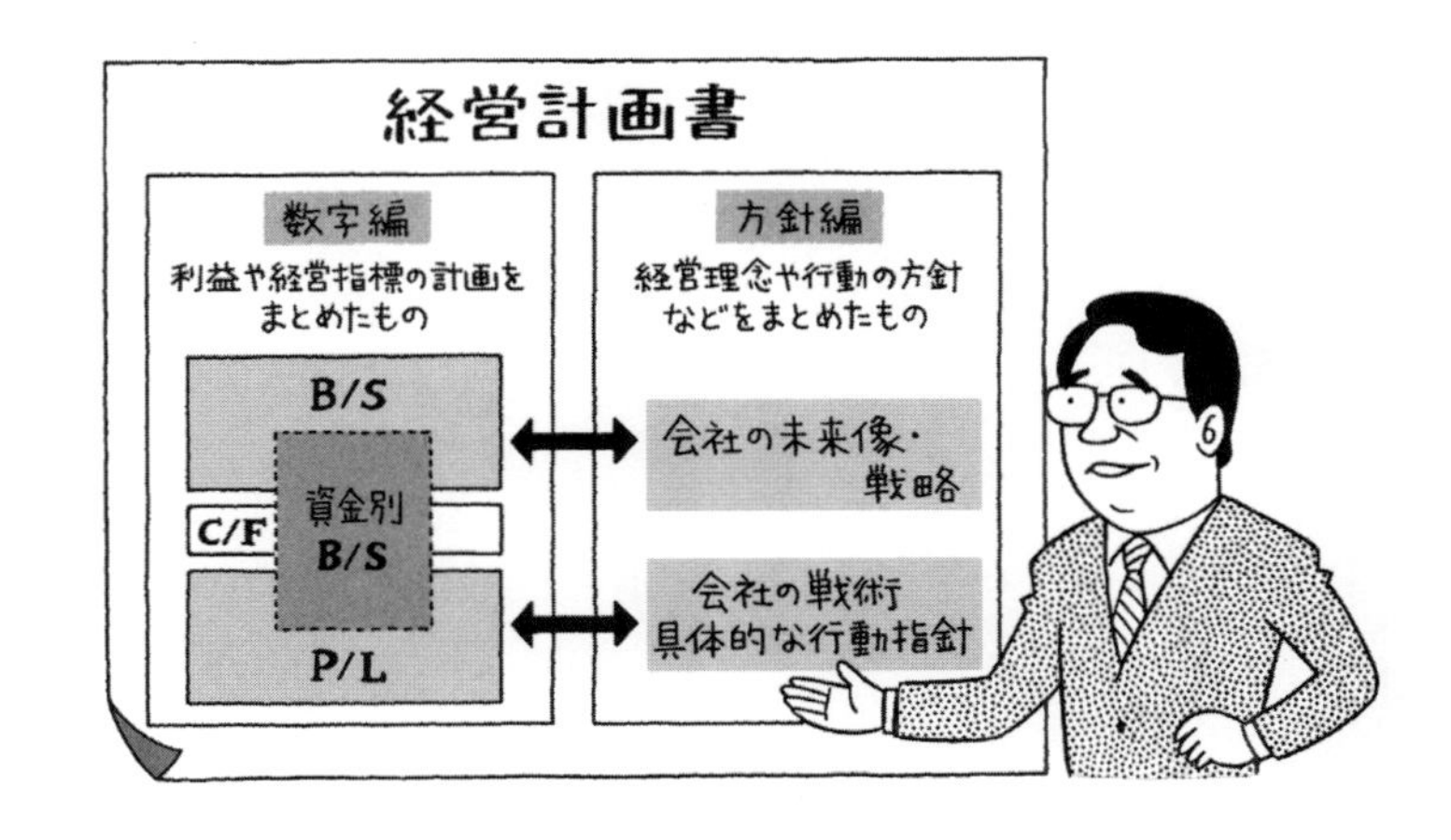

財務3表の本質については、前節でも述べた通りですが、もう一度整理しましょう。

P/Lは「1年間の企業の経営成績」であり、「売り上げから費用を引いて1年間でどれだけ儲かったかを表す表」です。B/Sは「会社に残っている財産」であり、「会社創立から現在までの経営の累積」。C/Fは「現預金の流れ」を見るもので、儲けた利益はどこに消え、手元にはいくら現預金が残っているかが分かります。利益の数字と実際のお金の違いを経営者に教えてくれるものです。

社長はこの3表の本質を理解した上で、この表の数字を月次の目標として、実績との違いを把握しながら会社のかじ取りをすべきです。年に1回決算時に作るだけでは絶対にいけません。そして、月次に展開した財務3表を含み、経営の戦略・戦術をきちんと明記して、社長がぶれずに目標に向かって実際のかじ取りをできるようにする海図が「経営計画書」です。

経営計画書というと、銀行に出す利益計画書だと思うかもしれませんが、そうではありません。私が考える経営計画書は、会社としての経営理念や未来像、戦略・戦術をまとめた「方針編」と、指標となる財務3表や月次の目標数値をまとめた「数字編」の2本立てで定義できます。年度初めに作成したものを社員に発表し、その後は常に経営計画書に立ち戻りつつ会社を経営します。発表によって自らの退路を断ち、その達成を強く言い聞かせます。経営計画書の役割は目標達成のためだけではありません。経営と社員に対する社長の姿勢を明確にするものでもあります。発表のときには自分が会社をどのように成長させて社員を幸せにしたいのかを、社員に示すのです。

月次の財務３表で、目標と実績を照合するときの考え方も重要です。

Ｂ／Ｓは経営の累積ですから、経営計画書の方針編で定めた「戦略」が正しかったのか、また実行できたのかの証しとなります。「戦略」が正しかったかどうかを見極めることは社長の最も重要な仕事です。つまり、中小企業の社長が真っ先に確認すべき指標はＢ／Ｓです。

Ｐ／Ｌももちろん重要です。ただ、この表はある期間の結果を切り取った指標であり、経営計画書の方針編で現場の動き方を定めた「戦術」の結果が表れます。期間内の営業方針などが適切だったのかをここで読み取ります。

そしてＢ／ＳとＰ／Ｌから、４つの資金別に分類した「資金別貸借対照表（資金別Ｂ／Ｓ）」（１１９ページ参照）を作成できます。これとＣ／Ｆを併せてお金の流れを見ます。Ｂ／ＳとＰ／Ｌだけでは分からないお金の実態をつかむことが重要です。

このように、中小企業の社長は経営計画書を定め、その中に月次の財務３表の目標値を示し、それに対して実績がどうなったかを毎月チェックしながら、経営のかじ取りをしていきます。

社長の勘違い・その3

利益を2倍にするには売り上げも2倍必要

利益を2倍にするために何を増やせばいいか？

私が講師を務めるセミナーで、受講者に、「あなたの会社は1億円の売り上げがあって1000万円の経常利益が出ているとします。この利益を2倍にするためには、売り上げをどれくらい増やせばよいですか？」と聞いたことがあります。

受講者の答えは「あと1億円です」というものでした。

損益計算書（P／L）のことをかなりよく理解している方なら、これが間違いだとすぐ分かるかもしれません。しかし、私の質問に同じ回答をする社長はかなり多いのです。あなたもこの問いに正解できるか考えてみてください。なかなか難しいことが分かるはずです。

実を言うと、このままでは質問に正しい答えを出すことはできません。

正解を出すためには、この会社の粗利益率と固定費がどのくらいか分かっていなければならないからです。

以下、16ページで紹介した、P／Lをシンプルに見る「変動損益計算書」（変動P／L）で考えてみましょう。

固定費と変動費を知らないと対策は見えない

一般に、費用には2種類あって、売上高に比例する費用である「変動費」と、売上高とは関係なく一定にかかる費用である「固定費」を分けて考えなくてはいけません。変動P／Lでいう粗利益と一般的なP／Lの粗利益（売上高－売上原価）は同じではありません。変動P／Lでは売上高から変動費を差し引いたものが粗利益で、粗利益から固定費を差し引いたものが経常利益になります。経営者はこの変動P／Lの考え方をしっかり押さえておく必要があります。

経常利益を２倍にする売上高を変動Ｐ／Ｌで理解する

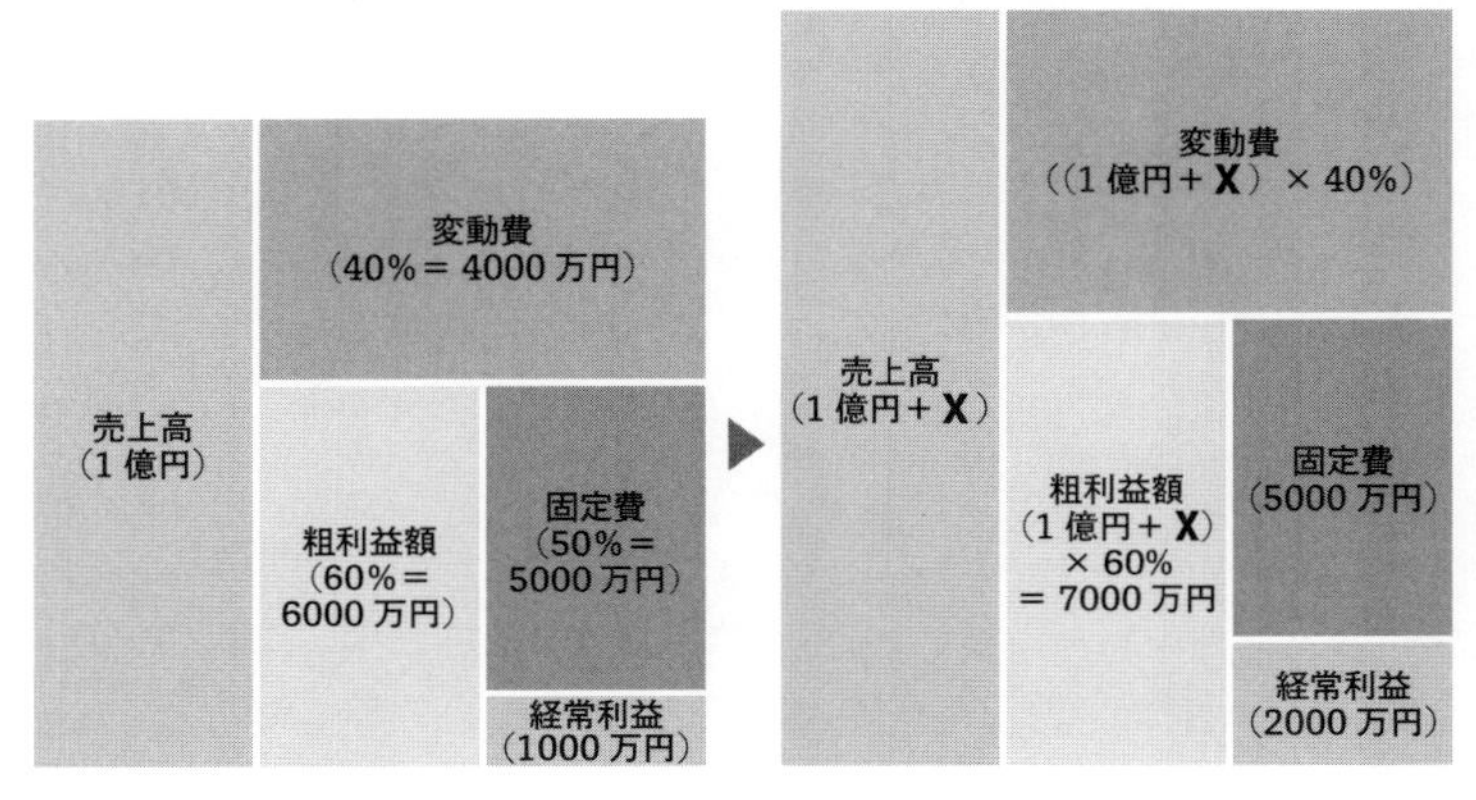

●固定費 5000 万円は変わらない ――― 粗利益額　7000 万円（＝ 5000 万円＋ 2000 万円）
●粗利益率 60%は変わらない ――― 売上高　（1 億円＋Ｘ）× 60% ＝ 7000 万円
6000 万円 +0.6X ＝ 7000 万円
X=1000 万円 /0.6 ＝**約 1667 万円**

変動費には「(仕入れる)商品」「材料費」「外注費」などが、固定費には「人件費」「地代」「家賃」などが含まれます。そして、自分の会社の固定費と変動費が分かっていれば、簡単な計算で正解を出すことができます。以下、具体的に見てみましょう(前ページの図)。ここでは、1億円の売り上げがあって、固定費が5000万円、1000万円の経常利益が出ている会社があるとします。この会社の変動費は4000万円、粗利益は6000万円になります。

もう一度整理すると、

・売上高は1億円
・変動費は4000万円(売上高の40%)
・粗利益は6000万円(同60%)
・固定費は5000万円(同50%)
・経常利益は1000万円(同10%)

ですね。

変動P/Lでは、経常利益は売上高から変動費と固定費を差し引いたものですから、後はごく簡単な計算式で、経常利益を2倍(2000万円)にするには売上高をいくら増やせばよいか(X円)を計算できます。

粗利益は売上高に比例するので、この会社では売上高の60％が粗利益になるというところがポイントです。売上高に対する粗利益の割合が粗利益率（粗利率）です。では、25ページの変動Ｐ／Ｌをイメージしながら実際に計算してみましょう。

売上高が増えても、固定費は増えないので、目標とする経常利益２０００万円を実現するためには、粗利益額を今より１０００万円増やして７０００万円にすればよいわけです。このために売上高をどれだけ（Ｘ円）増やせばいいかを考えます。

粗利益率が分かれば計算は簡単

変動Ｐ／Ｌから、粗利益額の増加分（１０００万円）を粗利益率（60％）で割れば、売上高を増やす分（Ｘ円）がいくらかが計算できるのです。計算式で見ると、売上高の増加分（Ｘ円）＝粗利益の増加分（１０００万円）÷粗利益率（60％）＝１６６７万円（四捨五入したもの）ということが分かります。

つまり、この会社で経常利益を2倍にするためには、売上高を2倍にする必要はありません。今よりも１６６７万円増やせばいいのです。

売上高の増加率にするとわずか16・7％。少しの努力で利益を大幅に増やすことができるのです。

なお、古田土会計のように商品や材料の仕入れが不要で変動費がかからない粗利益率100%の会社の場合はもっと簡単です。変動費がゼロで売上高＝粗利益ですから利益を1000万円増やすには売上高を1000万円増やせばいいのです（ただし、粗利益率の高い会社は設備投資や人材への投資をしないと売上高を増やそうとしても限界があります）。

このように売上高と変動費、固定費の関係さえ分かっていれば、つまり、会社のP／Lをきちんと把握していれば、利益を2倍にするために必要な売上高の増加分をすぐに計算できます。

合理的な経営計画が立てられ、意思決定にも役立つ

P／Lをきちんと把握し、自社の変動費と固定費がどうなっているか、その比率を含めて理解しておくと、こうした計算がパッとできるようになるだけではありません。合理的な経営計画が立てられるようになります。「このくらいの利益を出し、社員の人件費をこれだけアップするためには、これだけの売り上げを目標にすればいい」ということを根拠を持って計画できるのです。

こうした仕組みを理解せず、安易に「対前年比何%」などと根拠なく目標を押し付けて、社

員たちがモチベーションを下げることもなくなります。財務知識の裏づけを社員にも理解させた上で計画を共有すれば、社員一人一人が売り上げ目標に向かって自ら頭を使いながら努力するようになります。

また、販売先からの値引き交渉などにも、戦略的な対応が取れるようになります。例えば、「値引きをしなければ今後取引はできない」といったような厳しい要求に対しても、自社の変動費と固定費の関係が分かっていれば、合理的な意思決定ができます。値引きをしたときの利益の減少と、この取引先を失ったときの利益の減少をてんびんにかけ、辛抱するべきか、見切りをつけるべきかを冷静に判断できるのです。

数字に強く利益を上げている社長は財務の本質、とりわけＰ／Ｌの本質を理解していて、何にどれだけの力を注げば利益が出るかが見えています。決断を迫られた場合に正しい選択ができるからこそ儲かっているのです。

社長の勘違い・その4

儲からなくなるから、値引きはダメ

どれだけ儲かっているかをシンプルに表す「粗利益」

値下げをすると粗利益率が下がってしまい、儲からなくなるから値下げをしないという社長がいます。これは大きな勘違いです。そもそも売れなければ粗利益は稼げません。固定費が同じであれば値下げして販売しても粗利益が増えさえすれば経常利益は出ます。時には値下げを断行して粗利益を増やす戦略を取らなくてはいけない局面があるのです。

粗利益を増やすために、販売数を増やす戦略を取るのか、それとも価格を上げる戦略を取るのかが大きな分かれ目になります。このときの大きな判断基準になるのが粗利益率です。

経営者が重視している数字に「粗利」（あらり）があります。変動損益計算書（変動P／L）※では、「売上高」から「変動費」を差し引いたものが「粗利益額」。それを略して「粗利」と呼びます。

決算時に示す通常のP／Lに示される利益には、このほかにも「営業利益」「経常利益」「税引後利益」など、いくつか種類がありますが、それらの中で、会社の事業がどれだけ儲かっている

※一般的なP／Lは、売上高－売上原価＝粗利、粗利－販売管理費＝営業利益、営業利益＋営業外収益－営業外費用＝経常利益だが、本書ではシンプルに理解するために、売上高－変動費＝粗利、粗利－固定費＝経常利益、という変動P／Lの考え方を取る（16ページ参照）。

かを最もシンプルに表すものがこの「粗利」です。

変動P／Lでは、「粗利」から固定費を差し引くと「経常利益」となります。固定費の中に、営業外収益と営業外費用も入れて考えるためです。

どれも重要な利益ではありますが、人によって、また状況によってどの利益を重視するかは違ってきます。しかし、経営の目標に、この粗利を増やすことを挙げる中小企業の社長は多いはずです。

粗利額を増やすときの重要な指標「粗利益率」

では、「粗利」を増やすには、何をすればいいでしょうか。

これも簡単です。変動P／Lを見ればすぐ分かりますが、「売上高」そのものを伸ばすか、「変動費」を減らすか、の2択です。後者は仕入れ単価や材料

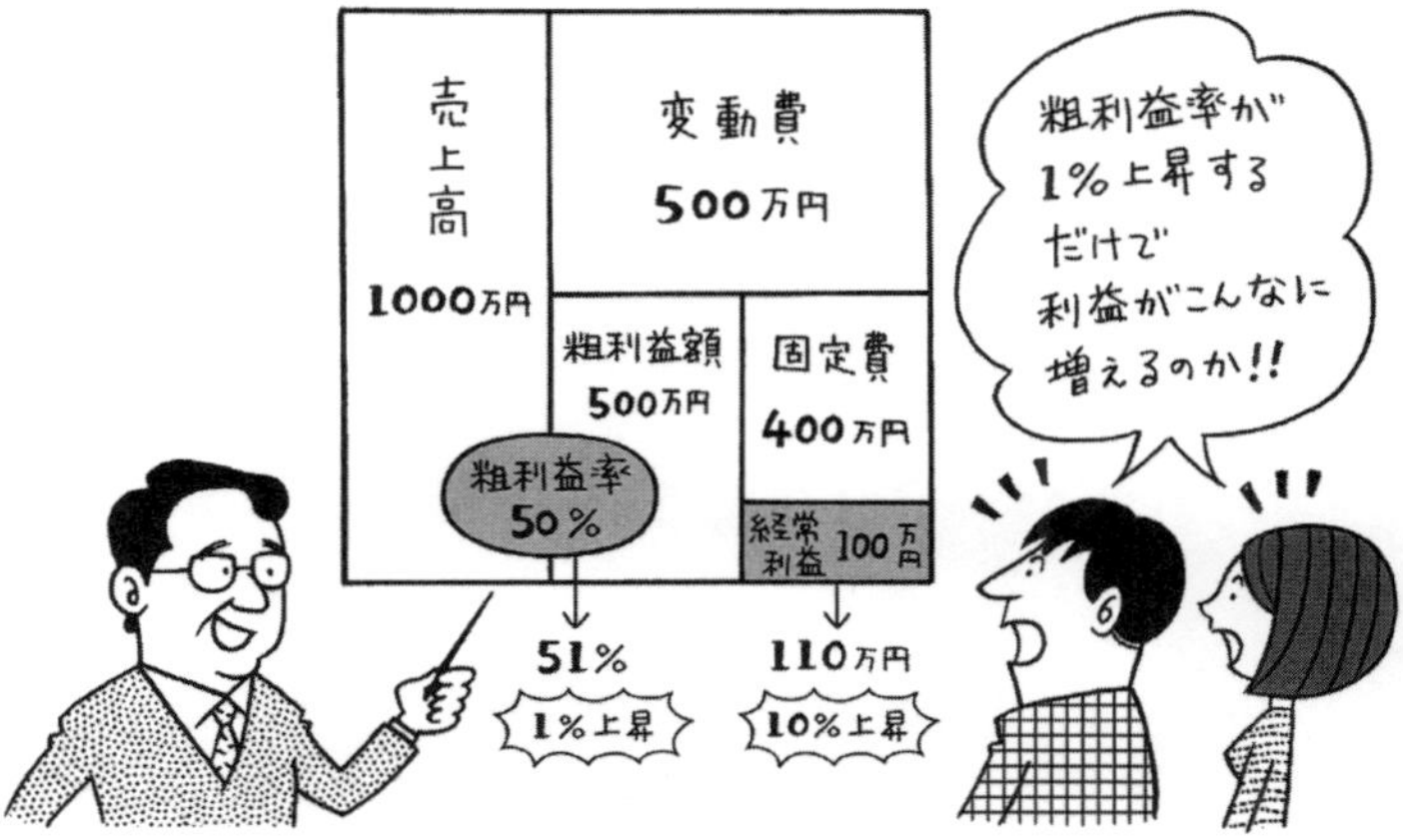

費などを削るいわゆるコストダウンですね。このどちらかの手を打てば粗利益額が増えます。

ここでは、こうした粗利益額を増やすときに重要な役割を果たす「粗利益率」(粗利率)という指標に注目してみます。

粗利益率を1％上げるとどうなるか？

この粗利益率と粗利益額の関係を考えてみましょう。具体的には、粗利益率が1％上がると、どのくらい粗利益額が増えるかを見ていきます。

売上高1000万円、変動費500万円、固定費400万円、経常利益100万円の会社で計算してみます。

この会社では、売上高から変動費(売上原価)を差し引いた粗利は500万円です。売上高が1000万円ですから、この会社の粗利益率は50％となりますね。もし粗利益率が1％上がるとしたら、粗利益額は510万円となり、もともとの500万円と比べると2％増えることになります。

粗利益率を1％上げて、粗利益額が2％の改善……。1％の改善が2％の改善になっただけで、たいしたことがないように思えるかもしれませんが、会社の売り上げ規模が大きくなれば大きな改善になりますし、粗利益率の低い会社では、この傾向は強くなります。

また、ちょっと極端ですが、売上高が１０００万円、経常利益が１００万円と、最初の例と同じで、変動費が７５０万円、固定費が１５０万円、粗利益率が25％という会社で考えてみましょう。

この会社の粗利益額は２５０万円です。この会社で粗利益率が１％上がると粗利益率は26％となり、粗利益額は２６０万円となります。10万円アップという点では最初の例と同じですが、もともとの粗利益額が小さいので粗利益額は４％の改善になります。このように粗利益率が低い会社ほど、粗利益率を上げることによる改善効果は高くなるわけです。

さらに大事なのは、粗利益率が１％上がると、営業利益や経常利益がぐっと増えることです。これを最初の会社で見てみましょう（売上高１０００万円、粗利５００万円、経常利益１００万円）。

この例では粗利益率が１％上昇すると粗利益額は５１０万円でしたね。固定費は４００万円ですから、経常利益は１１０万円になります。粗利益率を１％上げると、経常利益は１００万円から１１０万円へと10％も増えることになるのです。

さらに売り上げ規模が大きく、粗利益率が低い会社を考えてみます。

例えば、売上高が５０００万円で粗利益率が10％、粗利益額５００万円、固定費が４００万円で経常利益が100万円としましょう。

この会社では粗利益率が1%上がって11%になると粗利益額は550万円になります。金額は10%の増加です。固定費は400万円のままですから経常利益は100万円から150万円になり、50%アップになります。

私たちはよく中小企業の経営者を対象に勉強会を開催しますが、その場で電卓をたたいてこの数字を出してみると「粗利益率を1%上昇させるだけで経常利益がこんなに増えるのか」と皆さん驚きます。

粗利益率が違うと、取るべき戦略も違う

このとき、粗利益率の高い業種と低い業種では取るべき戦略が違ってくることを覚えておきましょう。そもそも粗利益率が比較的高い製造業などの場合は、「量」の戦略が大事になります。粗利益率はある程度確保できているので、営業力によって商品数や顧客数を増やし、売り上げを増やすことで利益を増やす戦略を取ることが有効になります。

一方で、粗利益率が低い、小売業や卸売業といった業種の場合は、まず「価格」戦略を考えてみることが重要です。付加価値を高くして客単価を上げたらどうなるか。また、変動費（売

上原価）をもっと下げられないかを考えることで、まずは粗利益額の確保を目指しましょう。

ただ単純に「粗利益率を１％上げよう」というだけではその効果がよく分かりませんが、Ｐ／Ｌの仕組みをしっかりと頭に入れ、粗利益額や経常利益がどれだけ改善されるかまで押さえておくことで、その効果を実感できます。

さらに、こうした理屈を社長だけでなく、社員全員で共有できれば、社員一人一人が顧客に少しでも高く買ってもらって粗利益率を上げる努力をしたり、逆に販売数を増やすために値下げを含めた戦略を考えて行動するようになったりと、社員全員が一丸となって目標に邁進できるようになるのです。結果として儲かる会社に変わっていきます。

社長の勘違い・その5

一番大事な利益は経常利益だ

中小企業の社長が重視すべき「利益」とは？

中小企業の経営者は売り上げの多寡にこだわりがちですが、会社を存続させ、成長させていくために、利益が大事であることは言うまでもありません。

私は、利益とは企業に勤める「社員とその家族を守るためのコスト」であり、「会社を守るための事業存続費」であると考えています。そして、それこそが縁あって働いてくれている社員たちの力を借りて中小企業を経営する人間としての原理・原則だと固く信じています。会社存続のために絶対に必要なものは、売り上げではなく、利益なのです。

ただ、一口に「利益」と言ってもいろいろな利益があります。決算書としてまとめる通常の損益計算書（P／L）の利益の項目を見ると、5つの「利益」※が並んでいます。

「売上総利益」（粗利益）、「営業利益」、「経常利益」、「税引前利益」、「税引後利益」といくつかあって、社長としてはどの利益を重視するべきなのか迷うところです。

※本書で主に使う変動P／L（16ページ参照）では、売上高－変動費＝粗利益であり、粗利益－固定費＝経常利益となる。このため、利益の種類は2種類となる。これに対して決算報告書で必要になる一般的な損益計算書（P／L）では、5種類の利益がある。

どれも大事な指標ではありますが、これらの中で中小企業の社長が一番大事にしなければならないのはどの利益なのでしょうか？

銀行側の視点で見ると「営業利益」

セミナーなどで、この質問をすると、売上総利益（粗利益）から販売費・一般管理費を差し引いた「営業利益」を重視するという答えが返ってくることが多いようです。

おそらく、こうした人たちは、取引銀行から優良企業のお墨付きをもらうためには、「営業利益」を大事にすべきだと考えているのです。

というのも、銀行がこの「営業利益」を優良企業の重要な指標だと考えているからです。

資金を融資する銀行は、貸し付けた先の企業が

どれくらい利息を払う能力があるのかを常に見ています。

具体的には、営業利益と受取利息の合計額が、支払利息の何倍かを示す「インタレスト・カバレッジ・レシオ」という比率を見ているのです。インタレスト（interest）は利息、利子という意味ですから、入ってくるお金の合計（営業利益と受取利息）で、借入金の利息分をどれだけカバーできるかを示す指標になります。

当然、「営業利益」が多ければこの数字も大きくなり、銀行は余裕を持って利息を払える優良企業だとみなします。

銀行側の視点に立って考えると、「営業利益」を良くするように決算書を作成すること

一般的な損益計算書の例

科目	金額（単位：千円）
売上高	2,130,133
売上原価	1,238,081
粗利益（売上総利益）	892,052
販売費・一般管理費	816,263
営業利益	75,789
営業外収益	18,569
営業外費用	25,887
経常利益	68,471
特別利益	649
特別損失	1,259
税引前利益	67,861
法人税、住民税及び事業税	27,144
税引後利益	40,717

が大切になってくるのです。銀行との付き合いを重視する社長は、自ずと「営業利益」を重視するようになります。

本当の収益力を見るなら「経常利益」

しかし、中小企業の社長が自社の収益力を知るには、この「営業利益」よりも「経常利益」[※]を重視すべきだと私は考えています。

「経常利益」、いわゆる「けいつね」ですが、この利益は、「営業利益」に営業活動以外の損益を加減したものです。少し細かく言うと、「営業利益」に対して受取利息や本業以外の賃料や地代などの営業外収益を加え、支払利息や手形割引料などの営業外費用を差し引いて計算したものが「経常利益」になります。

では、なぜ「営業利益」より「経常利益」のほうが重要なのでしょうか？

それは、中小企業は一般に借入金が多く、実は、支払利息が費用の中で大きなウエートを占めていることがよくあるからです。このため、中小企業の本当の収益力は、営業利益に営業外収益を加え、支払利息などの営業外費用を引いた経常利益を見なければ分かりません。営業利益だけを見ていると見誤ることがあるのです。

※通常のＰ／Ｌにおける経常利益と、本書で主に使う変動Ｐ／Ｌ（16 ページ参照）の経常利益は同じもの。変動Ｐ／Ｌの固定費は営業外収益と営業外費用を含む。

会社の安定につながる「税引後利益」

では、「税引前利益」と「税引後利益」については、どのように考えるのが適切でしょうか。中小企業にとって、適切な節税は積極的に進めるべきものです。ムダな税金を支払うことはありません。ただ、節税を強く意識するあまり、「税引前利益」を極力少なくしようとする経営者が多く見られます。

もちろん、特別損失にさまざまな経費を計上するのは、決算書としては悪いことではありません。しかし、中には過大な役員保険料のように、節税のために過剰な経費を計上しているケースがよくあるのです。

こうした企業では、「税引前利益」の金額を限りなく圧縮しようとします。当然、そこから法人税や事業税などが引かれた「税引後利益」も小さなものになってしまいます。しかし、これは会社の将来や安定性を考えると問題です。

なぜなら「税引後利益」は、会社の純資産を増やしたり、借入金などを返済したりする原資です。この一部が貸借対照表（B／S）の自己資本（純資産）に組み入れられることによって、自己資本比率が上がると会社の財務状況は良くなり、経営の安全性が高まります。毎年、「税引後利益」を着実に出しながら、それを原資として内部留保をコツコツ積み立てていくことが大事です。

税金の支払いを惜しむあまり、行きすぎた節税対策をして、税引後利益を少なくしたり、マイナスにしたりすれば、自己資本比率はいつまでも上がらず、会社は成長しません。

いくつかある利益の中で、B／Sの「自己資本」（純資産）に反映されるのは、「税引後利益」だけです。私は、この税引後利益から内部留保を積み立てていき、自己資本比率をどんなに低くても30％以上にし、理想としては60％以上にするべきだと考えています。

経営者は、「原理原則は何か？」「何が正しいのか？」を自問自答しながら経営に当たっていかないと判断を誤ります。長期的な観点から考えると、いくつかある利益の中で中小企業の社長が一番大切にすべき利益が見えてきます。利益とは「社員と家族を守るためのコスト」であり、事業存続費でもあると考えれば、会社の安定と成長につながる「税引後利益」こそが、中小企業の経営者にとって最も重要な利益だと言えるのです。

社長の勘違い・その6

売上高経常利益率が10％ないと社長失格

「売上高経常利益率」の理想は何％か？

「売上高経常利益率はどのくらいが良いのでしょう？」

このように、経営上の指標について聞かれることがよくあります。

よく言われるのが「売上高経常利益率は10％以上なければダメだ」という考え方です。

しかし、これはすべての会社に当てはまるものではありません。私は、売上高経常利益率は粗利益率によって異なるのだから、業種によって目指すべき目標が違うと考えています。以下、詳しく見ていきましょう。

「売上高経常利益率」は、売上高に対する経常利益の割合を表したものです。会社の収益性を見る上で極めて重要な指標です。

計算式で示すと、

・売上高経常利益率（％）＝経常利益÷売上高

となります。

要するに、「どれだけ儲かる事業をしているのか」を示すと思えばいいでしょう。

しかし、こういった売上高経常利益率はどれくらいがいいのかという問いに対して「あなたの会社はこれくらいです」と、明確な数字を示して答えることができる税理士・会計士はそう多くはいないと思います。

かくいう私も、以前ははっきりと答えられませんでしたが、京セラ創業者の稲盛和夫さんの言葉をヒントに、自分なりの目安を導き出しました。

稲盛さんは「売上高経常利益率は10％なければ経営者として失格」と中小企業の経営者たちを鼓舞し、いろいろな著書でもそう説いています。

稲盛和夫さんの「10％なければ失格」の意味

なぜ稲盛さんは10％だと言うのでしょうか。

それは、一般的な製造業の粗利益率である50％を前提にしているからです。

粗利益率は業種によって目安があり、特殊なケースを除けば大きくは違いません。例えば私たちのような会計事務所では１００％ですし、美容業では90％、飲食業は66％、小売業は30％、製造業、印刷業は50％くらいです。

粗利益率とは、売上高に占める粗利益の割合です。これに対して売上高経常利益率は、売り上げのうちどれだけを経常利益として残せたかを表すもので、粗利益率に「経営安全率」を掛けて求めることができます。経営安全率とは、粗利益に占める経常利益の割合で高いほど安定した会社と言えます。

計算式で示せば、

・売上高経常利益率＝経常利益÷売上高
・経営安全率＝経常利益÷粗利益
・粗利益率＝粗利益÷売上高

ですから、

・売上高経常利益率＝粗利益率×経営安全率

となります。

業種によって粗利益率は異なるため、目標とする売上高経常利益率は業種ごとに違うのです。

どんな会社でも一律に何％というのは間違いです。

損益分岐点比率80％以下を目指す

私は、中小企業は業種によって異なる「売上高経常利益率」で経営状態を見るのではなく、業種によって変わらない「損益分岐点比率」で見るべきで、損益分岐点比率80％以下を目指すべきだと考えています。言い換えると、経営安全率20％を目指すべきだということです。

補足すると、損益分岐点比率とは、利益の出やすさを示す指標で、固定費÷粗利益で示されます。式の通り、粗利益のうち何パーセントが固定費かを示すものです。例えば、損益分岐点比率が80％なら粗利益１００に対して固定費が80かかるので、経常利益は20です。損益分岐点比率が１００％なら粗利益１００に対して固定費が１００か

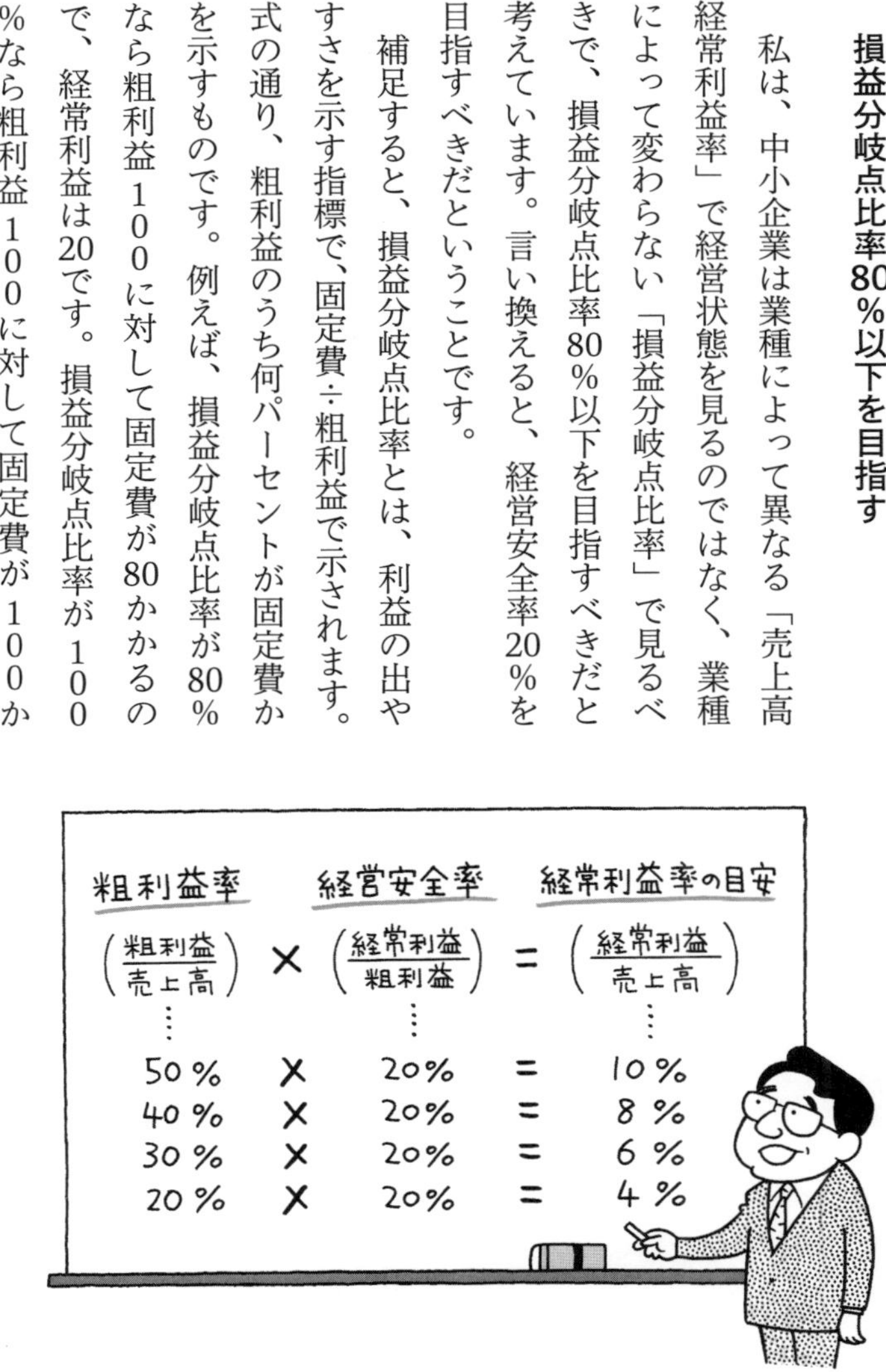

かるので経常利益は出ない体質です。

これに対して、経営安全率は経常利益÷粗利益で示されます。粗利益から固定費を差し引いたものが経常利益ですから、損益分岐点比率[※]＝１－経営安全率です。つまり損益分岐点比率80％以下を目指すということは経営安全率20％以上を目指すということになります。粗利益が50万円の場合、固定費は40万円以下、経常利益は10万円以上を目指すということです。

製造業の場合、粗利益率50％に経営安全率の20％を掛けると10％となり、稲盛さんが言う売上高経常利益率の数字と一致します。

ちなみに、古田土会計は粗利益率が１００％の事業構造です（つまり変動費はゼロです）。ここに、経営安全率の20％を掛けて計算すると、売上高経常利益率は20％が目安となります。ですから古田土会計では売上高経常利益率10％では低すぎることになります。

売上高経常利益率５％はダメな会社か？

では、「うちは売上高経常利益率は５％が限界ですから、ダメな会社なのでしょうか？」と小売業の社長さんに聞かれたらなんと答えましょうか。

私の答えはこうです。

※損益分岐点比率＝$\frac{固定費}{粗利益}$＝$\frac{粗利益－経常利益}{粗利益}$＝１－$\frac{経常利益}{粗利益}$＝１－経営安全率

「業種によって一般的な粗利益率は異なり、理想的な売上高経常利益率も変わります。一概に5％がダメな数字だとは言えません」

例えば、卸売業や小売業の粗利益率は製造業より低くなります。卸売業では10～15％、小売業では25～30％といったところです。売上高経常利益率は、ここに経営安全率20％を掛けて求めますから、卸売業では2～3％、小売業では5～6％となるのが普通なのです。

小売業であれば5％は悪い数字ではありません。

以上のように、業種業態によって、粗利益率が違うのですから、それに応じて売上高経常利益率の基準は変わると考えるべきものです。10％が絶対的な基準ということではありません。むしろ、損益分岐点比率80％以下（経営安全率20％以上）を基準に考えることが大事なのです。

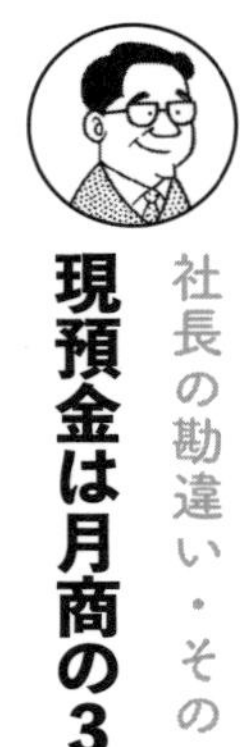

社長の勘違い・その7

現預金は月商の3カ月分

現預金は「月商の何倍」という考え方は正しい？

盤石な会社とはどんな会社を指すのでしょう。

一言で言えば「現預金の額が借入金より大きい」会社のことです。中小企業なら、多かれ少なかれ借金があるはずです。当然、返済が必要で、返済のためには現預金が必要です。銀行から突然返済を求められたときに、手元に現預金がなければ資金ショートに陥ります。現預金は借入金より多く持ち、借入金との差額が大きければ大きいほど、会社は安全と言えます。

よく「月商の3カ月分は現預金を持たなければならない」という言い方をしますが、私は月商で考えるのはおかしいと考えています。そもそも貸借対照表（B／S）の項目である現預金を、損益計算書（P／L）の項目である月商を目安に考えるのは誤りです。月々の売り上げが、すべての会社に同じ条件で入金されるはずがありません。売り掛けの条件は各社いろいろ。必要資金は入金条件だけでなく、仕入れ時の支払い条件や在庫の保有額によっても変わります。

例えば、粗利益額が同じ２つの会社を考えます。一方を自動車の整備会社Ａ社、もう一方を販売会社Ｂ社とします。両社とも社員10人で、粗利益額、固定費、経常利益などは全く同じと仮定します。違うのは売上高と変動費です。

整備会社Ａ社は、粗利益率が50％で売上高が２億円。変動費は１億円で粗利益は１億円になります。月商はざっと１６７０万円です。一方、販売会社Ｂ社は粗利益率が10％で、売上高は10億円。変動費は９億円で粗利はＡ社と同じ１億円。月商は約８３００万円です。このように、２つの会社は売上高以外は社員数も同じで、粗利益も同じ１億円ですが、Ｂ社の月商はＡ社の５倍です。

では、Ｂ社はＡ社の５倍の現預金を持たなければならないのでしょうか？

実際にはそんなことはありません。A社とB社では、持つべき現預金の額に大差はありません。同じ規模で同じ粗利益額なら持つべき現預金も同じになるはずです。両社に不足する現預金はいくらかを考え、その不足分を借入金で賄うと考えればそのことが分かります。

かなり単純化すれば、不足分は売掛金と買掛金の差額です。A社、B社ともに1年間入金も支払いもなかったと仮定し、売上高のすべてが売掛金、変動費のすべてが買掛金と見なせば、A社は売掛金が2億円、買掛金が1億円で1億円の資金不足。B社は売掛金が10億円、買掛金が9億円で、やはり1億円の資金不足です。つまり、資金不足で借りなければいけないお金は、両社とも1億円。したがって、手元の現預金も1億円以上あればいいのです。このように、月商は5倍の開きがある両社ですが、必要な現預金は同じだということが分かります。

必要な現預金はバランスシート上で見る

では、手元の現預金がいくら必要なのかをB／Sで考えます。

実際には、社屋が自社所有か賃借か、売掛金の回収条件がどうなっているかなどによって変わりますが、シンプルに総資産の何％の現預金を持つかと考えましょう。結論としては総資産の33％の現預金を持つべきです。

なぜなら、私はB／Sの右側にある支払手形などの「信用負債」※、借入金などの「金融負債」※、「自己資本（純資産）」は「３：３：３」のバランスがいいと考えるからです。無借金で現預金は多ければ多いほどいいのですが、これは理想です。現実問題として、多くの中小企業では、借金をしなければ経営が回りません。ですから、最初の中間ゴールとして「３：３：３」を目指すのです。これができれば優良企業です。総資産10億円の会社なら、信用負債が３・３億円、金融負債が３・３億円、自己資本が３・３億円になります。

そうした上で、B／Sの左側にある「流動資産」の中で「現預金」が３・３億円になるようにするのです。金融債務が３・３億円あり、もし金融機関からすぐに返済を要求されてもこの現預金でやりくりできます。金融債務と同額の現預金を持つことは実質無借金経営になります。これが第２の中間ゴールです。その先に最終ゴールとして真の無借金経営があります。

銀行の視点からも同じことが言えます。銀行が貸しやすい会社の自己資本比率は30％以上です。銀行は回収の安全性を何よりも重視します。自己資本比率が30％以上あれば、たとえ資産価値が３割減っても回収できると考えます。仕入れ先にとっても買掛債務に対して現預金がどのくらいあるかが最大の関心事です。現預金が買掛債務と同じくらいあれば安心します。

※本書では、支払手形など信用取引による負債を「信用負債」または「信用債務」、金融機関への負債を「金融負債」または「金融債務」と呼ぶ。

経営コンサルタントのアドバイスはいつも正しい？

中小企業の社長さんには、懇意にしている経営コンサルタントのアドバイスをすべて正しいものと思って金科玉条のごとく大切にする方がけっこういらっしゃいます。税理士や公認会計士のような資格を持っていないコンサルタントをあつく信頼している人がかなりいらっしゃることに驚きを感じます。

もちろん、素晴らしいコンサルタントも多くいらっしゃいます。しかし、私の数十年の経験を振り返ると、中には問題が多いコンサルタントがいるのです。こういう人たちはほとんどが自分の経験のみで指導しています。つまり財務の本当のところを理解していません。

私たち会計事務所が特に問題だと思うのは、税理士資格や会計士の資格のない事業承継コンサルタント、財務コンサルタント、経営コンサルタントです。

税理士や会計士の資格を持たない事業承継コンサルタントは税務面の責任を負いません。税務調査に立ち会うこともしません。ですから、税務調査で否認されるような提案でも平気でします。ある会社では、相続の際に株価を引き下げて節税することを狙って、会社所有の土地、建物を社長個人に売却してそれを会社が借りることにしました。しかし、社長個人にあまり資金がなかったので、コンサルタントがある提案をしました。売却価額（売買の費用などを控除した売買価格）を時価より大幅に安くして社長の支払い額を少なくするとともに、会社が払う保証金を月々の家賃の20カ月分という高額に設定。保証金で相殺することで、社長が会社に支払う額のさらなる圧縮を狙うというものです。

私は実行された後にこれを知り、社長に「この売却価額では（税務署から）否認されます。また保証金が家賃の20カ月分というのは常識を超えています。実際にお金も動いていないので売却自体も否認される可能性があります」と申し上げました。社長はコンサルタントに私たちの指摘について相談しました。コンサルタントは大丈夫と言い張りましたが、税務申告をするのは税理士なので売却価額と保証金は税務調査でも認められる金額に訂正して申告しました。

こういうコンサルタントは顧問税理士と一緒に会社に関わることを嫌います。税務に関することで顧問税理士と相談することを嫌うコンサルタントは「自分は経験豊富なプロで税理士は経営の知識・経験がない」などと言って、自分の提案が否定されるのを恐れて税理士に相談させようとしないことがあります。

必要もない持ち株会社を設立し、株式を売買させる提案をしたコンサルタントもいました。指導先に多額のお金を動かさせて、多額の報酬を自分が取るために会社にとって最善の方法を提案しなかったのです。

ある財務コンサルタントは、銀行とのリスケジュール（リスケ）は絶対するなと指導しています。銀行からお金が借りられなくなるというのが理由です。私たちがその指導先に後から関与したときには赤字と借金過多で銀行からの追加借り入れは断られていて、返済額の多いことが資金繰り上の問題でした。幸い預金があったので、すぐにリスケをして借金の返済をやめましょうと提案しました。しかし、社長はコンサルタントの言うことを優先しリスケをしませんでした。その後資金繰りはますます悪化したのですが、私たちの指導を受け入れてくれないので顧問契約を解除させてもらいました。

後にこの会社は資金が回らなくなり、逆に銀行からリスケの提案を受けました。リスケをするので決算書の作成をしてほしいという依頼が社長からあったのですが、お断りしました。コンサルタントに頼りすぎて自分で考えず、人の意見を聞かない社長なので付き合いたくないと思ったからです。

経営面で最後は誰にも頼れないのが社長です。でも社長も人の子、誰かに相談したいものです。そんなとき、出てくるのが占い師や無資格のコンサルタントです（もちろん無資格の方にも真っ当な人はいます）。彼らは社長がやりたいこと、望みそうなことを先回りして言い、背中を押します。迫力ある態度や魅力あふれる言葉で社長を間違った方向に誘います。しかし、中小企業の社長が真に頼るべきは、深い財務・税務・会計の知識と資格を持つコンサルタントです。時に社長の意に反した提案や耳の痛い忠告をする真のコンサルタントを信頼すべきではないでしょうか。

第2章

「B/S を読む経営」が会社を強くする

社長の勘違い・その8

B／SよりP／Lをこまめにチェック

P／LとB／S、どちらが大事なのか？

貸借対照表（B／S）と損益計算書（P／L）、どちらも大事なことは言うまでもありませんが、皆さんはどちらをより重視しているでしょうか？

経営者であれば、P／Lについては、ほとんどの方が月次のデータを丁寧にチェックして、毎月どれだけ利益が出たのか、それとも赤字が増えたのか、そして、その期の累計でどうなっているのかを見ているはずです。さらに、利益や赤字の増減の原因を丹念に追いながら、問題があれば手を打っていることと思います。

一方で、B／Sについては、P／Lほど丁寧に見ていないという方が多いはずです。支払いや返済の原資になる現金や預金などの手元資金がどれくらいあるのかについては把握している人は多いと思います。ただ、それ以外の項目についてはあまり細かく見ていないという方が大多数です。毎月の事業の損益が分かるP／Lに比べて、B／Sは意味するところが分かりにくいというのも一つの要因かもしれません。

Ｂ／Ｓは、歴代経営者の成績表

もちろん、会社を日々かじ取りしていく上でＰ／Ｌは大事なものです。しかし、私は、中小企業の社長は、Ｂ／Ｓをよく読んで経営しなければいけないと考えています。中小企業の社長がＰ／Ｌをこまめに見るのは当たり前のことです。ただ、Ｂ／Ｓをきちんと読んでいなくては、Ｐ／Ｌを見る意味も半減してしまいます。日頃、軽視しがちなＢ／Ｓこそ、社長が強く意識しておかなくてはいけないものなのです。

というのも、Ｂ／Ｓとは、会社の財務状況を明確に示すものであり、社長が自分の意思で作り上げるものだからです。極端に言えば、会社設立から現在に至るまでの経営の累積を財務状況で示し、これまでの経営者がどういう意思を持って経営してきたかが一目で分かる経営の成績表がＢ／Ｓなのです。

社長は、このＢ／Ｓをどのような形にしていくのかに常に気を配って経営を進めなくてはいけません。そのためにはＢ／Ｓも月次の数字の変化とその時点までの累計の数字をきちんと「読んで」手を打つ必要があります。あえて「読む」と言うのは、Ｂ／Ｓに記されている数字が何を意味するのか本質を理解して、より良いB／Sに近づくように手を打つ必要があるからです。それが「B／Sを読む経営」の意味です。

左側は逆三角形、右側は三角形を目指す

「B／Sを読む経営」で目指すB／Sの理想形は、下の図のようなものです。左側の「資金の運用」の部は流動資産が多く固定資産が少ない逆三角形で、右側の「資金の調達」の部は、流動負債、固定負債、純資産の順で増えていく安定感のある三角形のイメージです。

簡単に言うと、借金が少なく、手元の現預金が多い財務状況です。この理想体形に近づけるために、固定資産と流動負債を減らし、流動資産と純資産を増やす方向でかじ取りをしていきます。

社長の勘違い・その９

Ｂ／Ｓのことはよく分かっている

驚くほど多くの社長がＢ／Ｓの本質を分かっていない

世の中には数字に強い、財務に強いと言われる社長さんが数多くいます。

こういう方は「Ｐ／Ｌのことはもちろん、Ｂ／Ｓのこともよく分かっている」と自分自身も思っています。確かに、その中には、Ｂ／Ｓのことをある程度分かっている人もいます。

しかし、こういう人たちでも、ごく一部を除いて、ほとんどの人がＢ／Ｓの本質までは深く理解できていないと私は思っています。財務のことに自信があるという社長の多くが、何かしらの勘違いをしています。

その証拠に、自分の会社の「自己資本比率」をさっと言える中小企業の社長がほとんどいないのです。「自己資本比率」は経営の安定性を示す指標としてよく知られていますが、それは、Ｂ／Ｓの本質をズバリと示すものです。

自己資本比率は、会社の総資産のうち純資産（自己資本）が何％あるかを示すもので、Ｂ／

Sを深く理解していれば即答できるはずのものです。しかし、私たちが主催するセミナーを受講する方に「あなたの会社の自己資本比率は何%ですか?」と聞くとだいたい誰も答えられません。B／Sを見てもらい、「そこから計算できますよ」とヒントを言ってもダメです。自己資本比率の計算式が分かっていないだけかと思い、「自己資本比率とは自己資本÷総資産ですよ」とさらにヒントを出しても正解を出せる社長さんはほんの一握りです。これには本当にがくぜんとします。

中小企業の社長にとって、B／Sは極めて重要なのに、これではB／Sを読む経営などできるはずもありません。社長である以上は、B／Sの本質をきっちり押さえておかなくてはならないのです。

B／Sとは「会社に残っている財産」

ここでは、皆さんがB／Sをきちんと読む経営ができるように、B／Sの意味をもう一度振り返りましょう。

B／Sを一言で表現するなら「会社に残っている財産と、その調達の方法を金額で示した表」ということになります。

Ｂ／Ｓの形を見ると左右２つに分かれていて、右側には「お金の集め方」が示され、左側には「集めたお金の使い方」が示されます。

別の言い方をすると、表の右側が「資金調達の方法」であり、左側が「調達したお金で買った財産」、つまり「会社の財産」ということです。

会社の財産は必ず何らかの方法で調達された資金で買ったものになりますから、左右の金額の合計は必ず同額になります。

Ｂ／Ｓの右側にある資金の調達方法は大きく「負債」と「純資産」（自己資本）の２つに分けられ、負債が上に、純資産が下に示されます。

ここで負債は、いわば「借金リスト」と思えばいいでしょう。取引先や金融機関から借りて調達したもので、いずれ必ず返済しなくてはいけない

借金です。

この負債は返済の期限の長短によってさらに「流動負債」と「固定負債」に分けられます。上のほうに流動負債が並び、下のほうに固定負債が並びます。流動負債は、支払手形、買掛金、短期借入金など、割と早く返さなくてはいけないものです。後者の固定負債は、長期借入金など、返済期限がしばらく先になる負債です。

負債の下にある「純資産」は、「自己資本」とも呼ばれるものです。これは名前の通り、自前で調達したものです。要するに、誰かに返済する必要のない自分のお金ということになります。具体的には、資本金や利益剰余金などがここに含まれます。

「持ち物リスト」−「借金リスト」＝「自分のもの」

B／Sの左側には、右側の調達資金で買った資産のリストが示されます。つまり、B／Sの左側は会社の「持ち物リスト」と言えます。

これは、現金や預金、比較的すぐに現預金に換えられる売掛金、棚卸資産などの「流動資産」と、土地・建物などの、なかなか換金できない「固定資産」に分けられます。持ち物リストは、流動資産が上のほうに並び、固定資産は下のほうに並びます。

こうしたＢ／Ｓの構造を知っておくと、自己資本比率は簡単に計算できるようになります。

左側の「持ち物リスト」の合計額から右側の「借金リスト」の合計額を差し引いた残りが「自分のもの」です。これは直感的に分かると思います。そして、「会社の持ち物のうち、何％くらいが自分のものなのか」を表すのが自己資本比率です。

つまり、自己資本比率とは、会社のすべての持ち物のうち、自分のものがどのくらいあるかを示す指標で、Ｂ／Ｓの本質をハッキリと示すものなのです。

B/S の意味を大きくつかむ

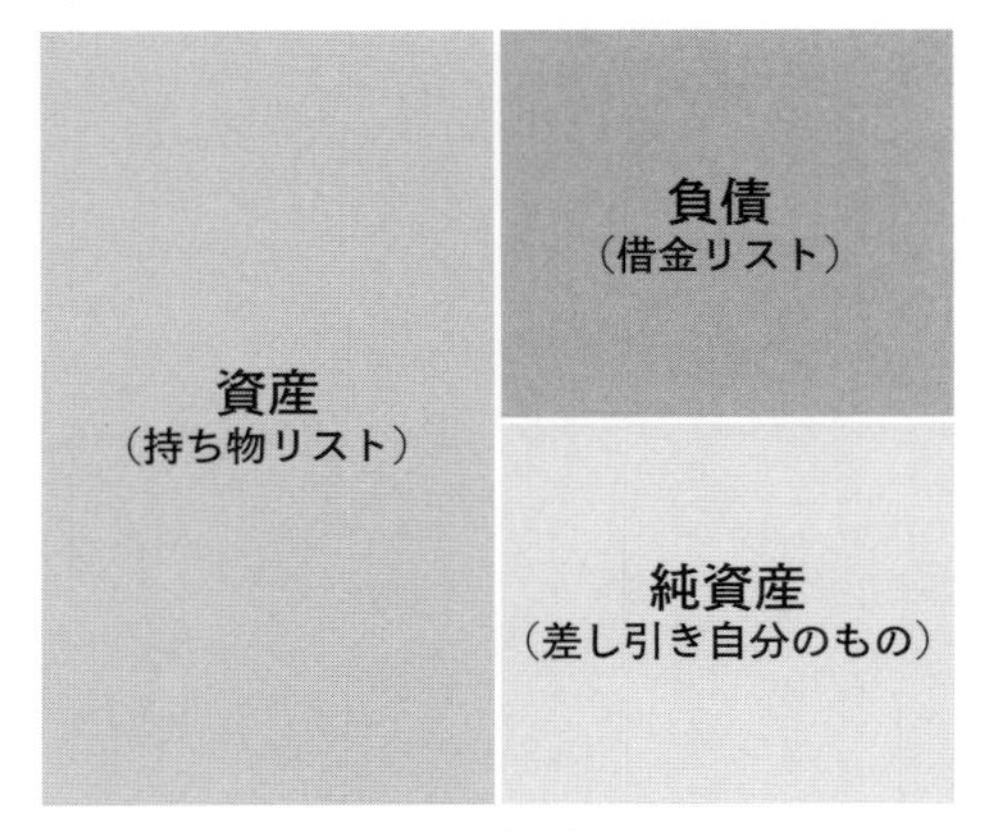

会社の持ち物は、本当はどれだけ自分のものかを示す

社長の勘違い・その10

P／LもB／Sも、社員全員の努力の結果

B／Sは、社長1人で変えられる

損益計算書（P／L）は1年の企業活動の結果であり、売上高や利益などの事業の結果を示すものです。いわば社員一丸となって企業活動に取り組むことで実現するものであり、全社員の努力のたまものと言えます。

逆に言えば、社長1人でどうにかできるものではありません。

これに対して、貸借対照表（B／S）は、社長1人の意思によって大きく改善できるものです。多くの社長はP／LもB／Sも社員全員の努力の結果と考えていますが、それは違います。

端的な例が、総資産（会社の全資産の金額を合算したもの）の圧縮です。

中小企業では、これを決断できるのは社長しかいません。私が「B／Sは社長1人の意思で大きく改善できるもの」と言うのはこのためです。社長が、会社のあちこちに潜んでいるムダな資産を圧縮することで、会社が倒産しにくい、儲けやすい体質に変わっていきます。

会社のぜい肉を落としてぎゅっとスリムにし、筋肉質にする感覚で捉えてください。

不要な資産を売り、借入金を減らす

具体的には、売掛金を回収したり、不要な土地や建物など固定資産を売却したりして手元の現預金を増やし、ムダな借入金を返済していくことで総資産を圧縮します。

総資産が減るとＢ／Ｓ自体の高さが低くなるので、会社の規模が縮小するというマイナスイメージを持つ人がありますが、違います。あくまでもぜい肉を落とすイメージです。

例えば、中小企業の重要な経営指標に「自己資本比率」と「総資産経常利益率」がありますが、この２つは総資産の圧縮で大きく改善できます。

潰れにくく儲けやすい体質に変わる

自己資本比率は前述のように「自己資本（純資産）÷総資産」で計算します、強い財務体質かどうかを見る指標です。自己資本比率が高い会社は安全性が高く潰れにくい会社といえます。

もう1つの総資産経常利益率（ROA：Return On Assets）は、資産をどれだけ効率よく使っているかを示す指標で「経常利益÷総資産」で計算できます。儲けやすさを示す指標です。

注目していただきたいのは、2つの指標のどちらも分母が総資産になっていることです。

つまり、社長が総資産を減らすと決め、売掛金の回収や不要な固定資産を売却して借入金を減らせば、潰れにくく、儲けやすい会社へと体質改善

自己資本比率、総資産経常利益率（ROA）の計算式

$$\text{自己資本比率(\%)} = \frac{\text{自己資本（純資産）}}{\text{総資産}}$$

$$\text{総資産経常利益率(\%)} = \frac{\text{経常利益}}{\text{総資産}} = \text{ROA}$$

できるのです。もちろん、分子にある純資産や経常利益を増やしても2つの指標は改善しますが、ギリギリの経営を強いられている中小企業の場合、分子にある純資産や経常利益を増やすことはそう簡単ではありません。

不要な資産を売り、そのお金で借金を減らす

売掛金の回収や固定資産の売却以外にも、棚卸資産や有価証券の売却などでも、総資産は圧縮できます。もし、不要な資産や眠らせている資産があるなら、それを売却して現預金に変え、借入金の返済に回していくということです。なかなかこうした資産を売ることに踏ん切りがつかないものですが、売却損が出れば節税にもなりますので、丹念にＢ／Ｓをチェックしてみるといいでしょう。

借入金が減れば、支払利息と月々の返済額も減りますから利益は増え、キャッシュフローが改善していきます。どんどん筋肉質の体質になれるのです。そして、中小企業の場合、こうした決断は社長にしかできないことなのです。

社長の勘違い・その11

毎年利益が出ているから、うちの会社は安全

利益が出ているからといって、必ずしも安全とはいえない

会社経営において利益は何にも増して重要なものです。会社を存続させ、成長させていくための源泉になるものは利益です。社員に給料を払い、その生活を支えるためにも利益が絶対的に必要です。ほとんどの中小企業の社長にとって一番の関心事は利益をどれだけ出せるか、赤字をどれだけ減らせるかです。

ですから毎年確実に利益を出している中小企業は会社経営の優等生です。実際に、毎年利益が出ている会社の社長は、自分の経営にも会社の安全性についても自信を持っています。

しかし、これが時に大きな勘違いにつながります。

毎年利益が出ている会社でも、財務体質に問題がある会社は、経営が傾くことがあるのです。財務体質に問題がある会社は、だいたいが借入金の多い会社です。貸借対照表（B／S）で見ると、総資産に占める借入金の割合である、「借入金依存度」が高くなっています。借入金依存度は長期借入金、短期借入金、割引手形残高を足したものを総資産で割ることで求められます。

こういう会社では、単純に借入金が多いだけでなく、儲けの額に見合わない額の土地や建物、有価証券などの資産を銀行の融資を受けて買っていることが多い傾向があります。要は、身の丈以上の資産を借金をして買っている会社と言ってもいいでしょう。

こうならないように、自分の会社がどうなっているかを社長は常に見ておくことが必要で、そのときに極めて有効な指標が「自己資本比率」なのです。資産の中の借金比率を示す「借入金依存度」の裏返しとなる指標で、総資産のうち何％が自分のものかを示すものです。

では、この自己資本比率はどのくらいになればいいのでしょうか。

私は、最低限クリアすべき目安を30％と言っています。自社の自己資本比率を計算してみて30％を切るようなら、財務体質がどうなっているかを点検したほうがいいでしょう。

長期的に見ると、自己資本比率を上げるためには、利益を増やして借入金をコツコツ返して純資産を増やすことが重要ですが、中期的にはＢ／Ｓを丹念に精査してムダな資産をあぶり出し、整理していくことで総資産を減らすことが先決です。

受取手形、売掛金、土地など、Ｂ／Ｓの左側にあるムダなものを減らして、借入金の返済資金を調達するのです。不要な資産を売却したり、貸付金を回収したりして借入金を返済する方法は、税引き後利益で借入金を返済する方法に比べて税金がかからない分、より多くの借入金が返せます。

ちなみに、私の会社は、自己資本比率90％、総資産23億円、そのうち現金を17億３０００万円持っていて、支払手形や借入金はゼロ。無借金経営です。保険を解約すると23億円の資金になります。

これだけ現金を持っているのは、何かあったときに社員とその家族を守るためです。土地や建物は持っていません。何かあったときにすぐに現金化できない資産は、資産とは思えないからです。

会社を守るのは現金・預金です。自己資本比率

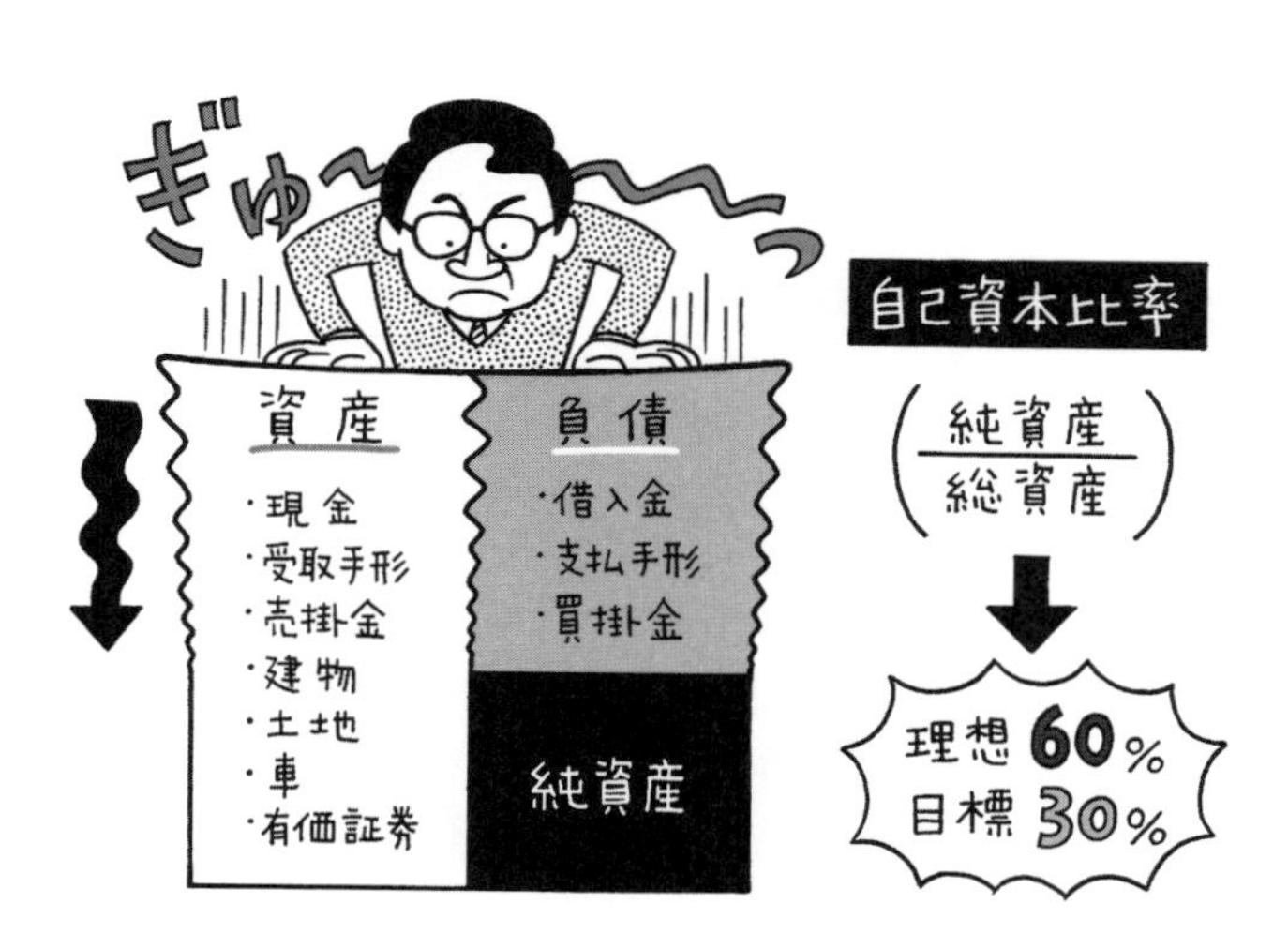

が30％以上あって表向きはいい会社に見えても、それが、土地・建物に化けていて、手元資金のない中小企業は少なくありません。これでは、いざというときに社員や家族を守れません。

まず30％以上、そこから次の段階を目指す

中小企業が会社を末永く存続させるためには、財務体質を良くすることが大事です。財務体質を良くするということは、支払手形や借入金などの負債を減らし、現金や預金などをコツコツ蓄えてたくさん持つことで、自己資本比率を高くすることにほかなりません。

私は自己資本比率は60％以上の企業が理想であり、少なくとも30％を最低限の目標にすべきだと考えています。

世の中小企業を見ると、自己資本比率が30％を超えるところは圧倒的に少数派です。中には10％以下というところもあります。これでは、銀行も信用してくれません。何かあったら、融資も受けられずあっという間に倒産してしまうでしょう。毎年利益を上げていたとしても、中小企業の社長は自社の自己資本比率をきちんと認識すべきです。不要な資産の売却や受取手形や売掛金などの回収によって借入金を減らし、自己資本比率を高めていくことを心がけてください。

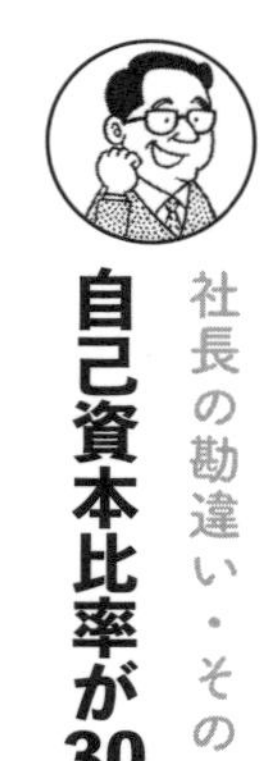

社長の勘違い・その12

自己資本比率が30％以上なので、うちは安心

自己資本比率10％以下の会社はいつ倒産するか分からない

世の多くの中小企業が負債を抱えています。自己資本比率30％以上を目指してくださいと言っても、現実的にはなかなか難しいのは確かです。そんな中、自己資本比率30％以上を達成して、ひと安心という社長さんもいらっしゃいます。

では、自己資本比率30％以上を達成しさえすれば会社は安全なのでしょうか？

答えは「いいえ」です。

前節でも述べたように、自己資本比率30％以上は最低限の目標。理想は60％以上です。今後の社会環境などの厳しさを考えると、絶対に超えなくてはいけない条件が30％であって、30％以上になりさえすれば安心というわけではありません。

銀行からの融資を受けやすくするためにも、自己資本比率が30％に達したからといって、緩むことなく、ムダな資産を圧縮して自己資本比率を高め続けることが重要です。

自己資本比率の理想は60％以上

では、なぜ自己資本比率の理想値を60％と考えるか。それは私が知るところでは、いくつかの銀行が企業の融資格付け表に設けている自己資本比率の基準で60％以上を満点としているからです。昨今、銀行自体の経営が厳しくなっています。中小企業に対する貸し付けの基準も厳しくなると見るのが自然です。とするなら、中小企業側も経営の目標を銀行の基準に合わせておくべきでしょう。

私が絶対に超えなくてはいけない条件としている自己資本比率30％は、会社の総資産のうち返さなくていい自分のお金が30％以上ということになります。逆に言えば残りの70％近くは借金（負債）です。つまり「自己資本比率を最低限30％以上にする」ことは「会社の総資産の30％以上は自分のお金で賄い、債務で賄う分は70％未満に抑える」ことです。

しかし、これだけではいけません。中小企業が倒産する大きな原因の一つは支払手形の不渡りです。これを回避できるような財務状況にしておかなくてはいけません。

私は、自己資本比率が30％以上の場合、貸借対照表（Ｂ／Ｓ）の右側が次ページ下図のような「純資産」「金融債務※」「信用債務※」という３つの要素で３分の１ずつに分かれる形を目指す

※本書では、支払手形など信用取引による負債を「信用負債」または「信用債務」、金融機関への負債を「金融負債」または「金融債務」と呼ぶ。

べきと考えています。この比率は、バランスが取れた経営ができている会社の証拠と言えます。その上で、現預金をその3つの要素より多く持つのです。

信用債務以上の現預金を持つ

総資産10億円の会社を例に見ていきましょう。まず1つ目の「純資産」。これは「自己資本」とも呼ばれ、これが3・3億円。2つ目は金融機関からの「借入金」を主とする「金融債務」が3・3億円になるようにします。3つ目の「信用債務」は、「支払手形」や「買掛金」、「未払金」など日々の取引で生じる借金のことです。この「信用債務」を3・3億円とします。この状態で「信用債務」を上回る3・3億円以上の現預金をB／

Ｓの左側に持つようにするのです。

「現預金」が３・３億円あれば、「信用債務」の中でも最も返済を待ってもらえない「支払手形」の不渡りを回避できますから、すぐに倒産することはありません。これでひとまずは安心です。

このように、財務状況の芳しくない会社は、会社の安全のために借金をして信用債務以上の資金を持ち、そして最低限の目標である自己資本比率30％以上の達成を目指しましょう。

社長の勘違い・その 13

無借金経営だと返済実績がなく、借り入れができない

無借金経営にもいろいろなレベルがある

世の中にはいろいろな人がいて、「無借金経営を自慢する人がいるが銀行は返済実績のないところには貸さない。無借金会社こそ倒産しやすく、実質無借金が正しい」などという趣旨のことをまことしやかに言う経営コンサルタントがいます。

しかし、これは本当でしょうか？

結論から申し上げると、これは的外れです。

私は40年近く、３０００社以上の中小企業を見てきましたが、理想的な無借金経営をしている会社で、社長の高齢化や後継者がいないことなどによって廃業する会社はあっても倒産した会社は1社もありません。

倒産した会社はいずれも借入金過多の会社と支払手形を振り出している会社です。大損失を出したときに、銀行がお金を貸さないのは借入金過多で手元に資金のない会社で、例えば、本

来なら借入金で資金調達すべきところを支払手形や割引手形で調達しているような会社です。

「無借金会社こそ倒産しやすい」という主張は論外ですし、「実質無借金が正しい」と言い放つのは具体性も目標値もなく無責任でしょう。

実質無借金を目指すには具体的な目標値が必要

単に実質無借金といっても、いくら現預金や借入金が必要かが分からなければ、「借りられるときに借りられるだけ借りる」という思考になり、余分な借金をし、ムダな利息を払うようになってしまいます。大切なのは具体的な目標値と戦略です。私たち、古田土会計では、「実質無借金」をまず最初の目標として、それが達成できたら少しずつ借入金を減らし財務体質を改善して、理想的

Ｂ／Ｓで見る理想の「無借金」と「実質無借金」

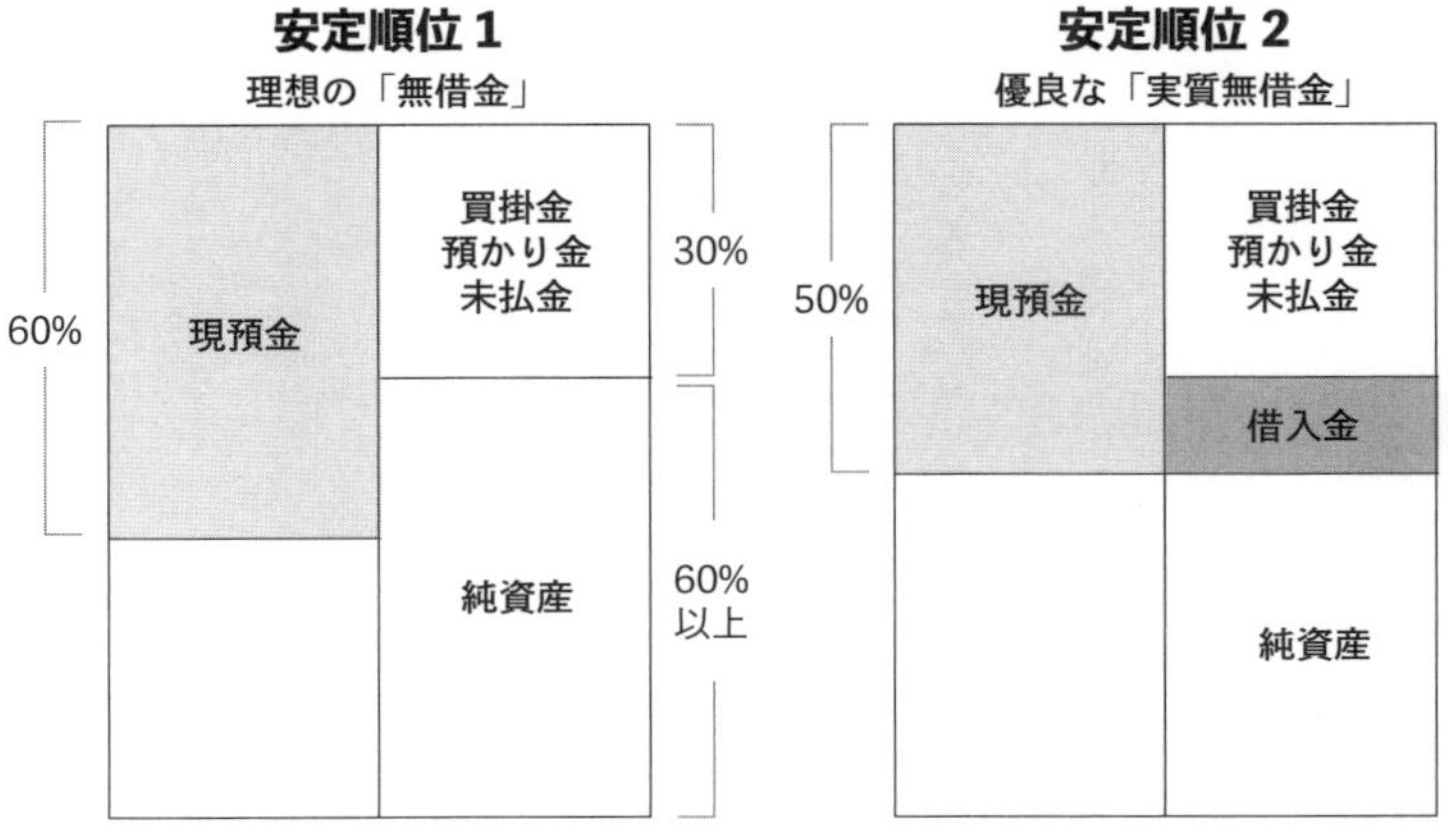

無借金で現預金が総資産の 60% 以上あれば、理想の経営

現預金が総資産の 50％以上ある。借金が少なく、優良な実質無借金の状態

な無借金を目指していくようにクライアントに勧めています。

最初に目指すべきは自己資本比率30％で、現預金が借入金より多いこと

まず最初の目標値が、自己資本比率で最低限の30％。できればもうひと息頑張って33％以上を目指します。さらに、支払手形や買掛金などの信用債務の目標を33％以下、借入金など金融債務の目標は33％以下に設定します。貸借対照表（B／S）の右側を3分の1ずつにすると考えてください。こうした上で総資産に対する現預金比率も33％以上にします。これを達成できれば、借入金と現預金が同額ですから、バランスの取れた「実質無借金」の会社と言えます（次ページの安定順位3の会社です）。

中小企業の多くは、現預金はあっても自己資本比率が低かったり（安定順位4）、現預金も少なく借入金も多いという状況（安定順位5）になっています。また、自己資本比率がいくら高くても現預金が少ないと危険です（安定順位6と7）。さらに倒産の危険性が高い会社は自己資本比率も低く、現預金より借入金がずっと多い構造になっています（安定順位8）。自社のB／Sがどういう状況にあるかを知り、まずは「実質無借金」（安定順位3）を目指しましょう。

安定順位３～８位のＢ／Ｓ

安定順位 3

バランスの取れた「実質無借金」

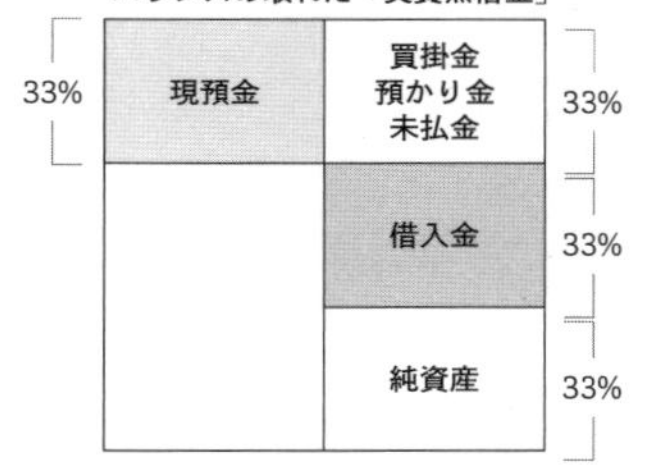

現預金、借入金、純資産（自己資本）とも総資産の３分の１ずつでバランスの取れた実質無借金の状態

安定順位 4

現預金【多い】／借金【多い】

現預金
買掛金
預かり金
未払金
借入金
純資産

現預金も多いが借入金も多く、利息のムダが発生。「借りられるだけ借りる」は間違い

安定順位 5

現預金【少ない】／借入金【多い】

現預金
買掛金
預かり金
未払金
借入金
純資産

もっと現預金を増やすとともに借入金を減らし、「安定順位 3」の形を目指しましょう

安定順位 6

現預金【超少ない】／無借金

現預金
買掛金
預かり金
未払金
純資産

借り入れをしてでも現預金を増やすべき。現預金の目安は総資産の33%になるまで

安定順位 7

現預金【超少ない】／借入金【超少ない】

現預金
買掛金
預かり金
未払金
借入金
純資産

借入金を増やしてでも現預金を増やすべき。現預金の目安は総資産の33%になるまで

安定順位 8

現預金【超少ない】／借金【多い】

現預金
買掛金
預かり金
未払金
借入金
純資産

危険な企業の状態

理想は自己資本比率60％で現預金も60％超

次のステップでは「実質無借金」（安定順位3）の状況から、借入金を徐々に減らし現預金を増やしていくことを考えます。まず目指すべき目標は自己資本比率60％です。

自己資本比率が60％を超えてからは、「真の無借金」を目指してさらに借入金を減らし現預金を増やしていきます。

最終目標は自己資本比率を60％以上、かつ総資産に対する現預金比率を60％超とした上で、借入金はゼロ。手形などの「信用債務」を大きく上回る現預金を持つ「理想の無借金」経営です（下の図）。こうなれば、買掛金や未払金といった信用債務などを一気に返済して

信用債務を上回る現預金を持つ

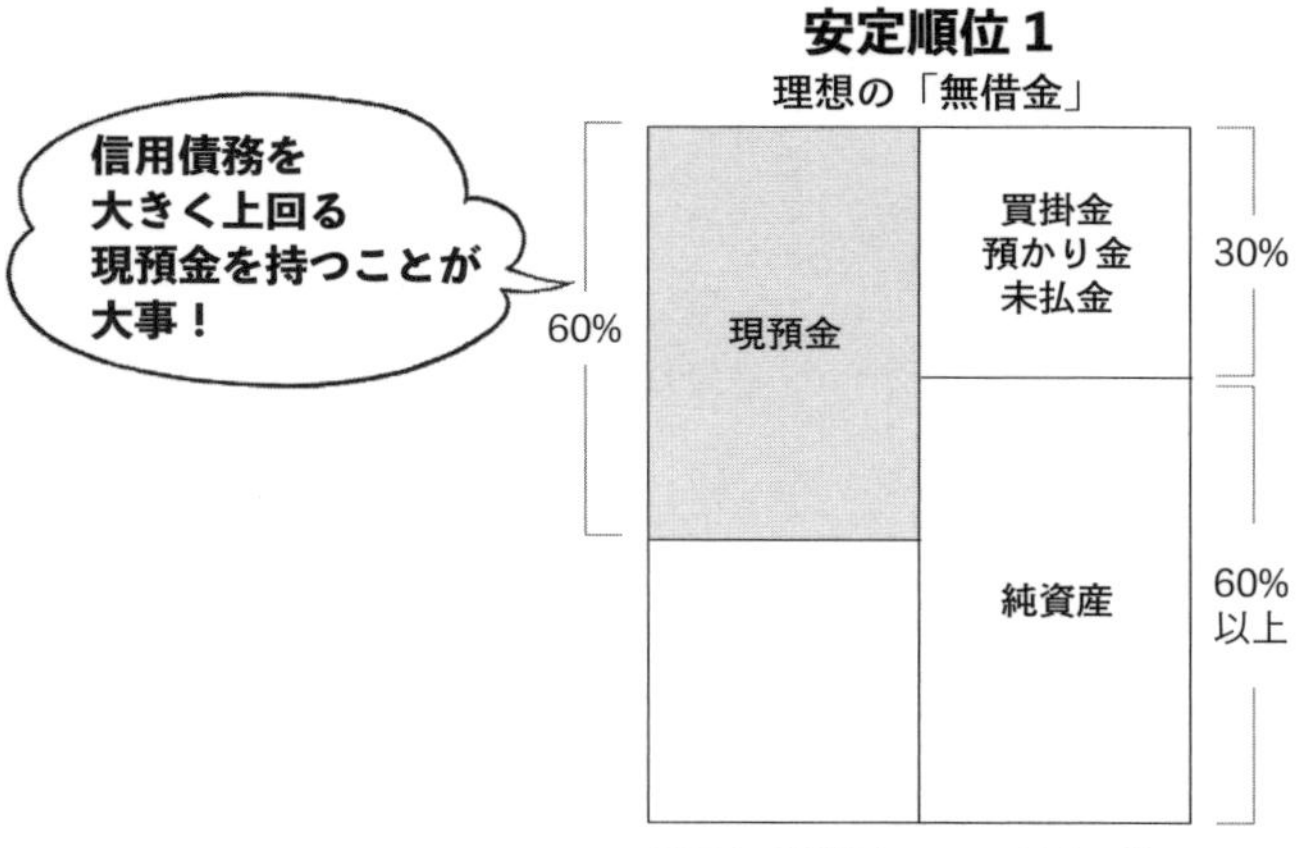

安定順位1

理想の「無借金」

信用債務を
大きく上回る
現預金を持つことが
大事！

現預金（60%）	買掛金 預かり金 未払金（30%）
	純資産（60%以上）

現預金が総資産の 60% 以上、借入金はない。現預金が信用債務を大きく上回っていれば盤石

も手元に現預金は残ります。

財務体質の改善とは、借入金を減らしながら現預金を増やしていき、現預金が借入金を上回る状態に保った上で、この差額を毎年増やしていくことです。差額が目標値に達したら借入金を返済して無借金に近づけていくのです。

ほとんどの中小企業は借金をしなければなりませんから、賢い社長はこのようにして毎年コツコツと資金を増やし余分な借金を減らしながら、自己資本比率を高めています。中にはこのようにして20年、30年かけて無借金で10億、20億円の現預金を持つような超優良企業になるところも確かにあるのです。

無借金、実質無借金といってもいろいろなレベル・パターンがある

順位	現預金	借入金	状態	概要
1	非常に多い	0	無借金	現預金が総資産の60%以上ある超優良な会社。完全無借金の状態
2	多い	少ない	実質無借金	現預金が総資産の50%以上ある優良な会社。実質無借金の状態
3	普通	普通	実質無借金	現預金、借入金、自己資本とも総資産の3分の1程度。バランスの取れた実質無借金の状態
4	多い	多い	借金過多	借入金が多すぎて利息支払いのムダが発生。「借りられるだけ借りておく」のは間違い
5	少ない	多い	借金過多	現預金に対し借入金が多い。現預金を増やし、借入金を減らすことで、現預金≧借入金の状態を目指す
6	非常に少ない	0	無借金	借入金はないが現預金が少な過ぎ。借り入れをしても現預金を増やす。目安は総資産の33%まで
7	非常に少ない	非常に少ない	実質無借金	借入金も現預金も少な過ぎ。借り入れを増やして現預金を増やすべき。目安は総資産の33%まで
8	非常に少ない	多い	借金過多	危険企業

社長の勘違い・その14

銀行が不動産購入を勧めるのは、信用があるから

設備投資や不動産投資はB／Sをよく読んで判断する

銀行から自社ビルなど不動産の購入を勧められるままに買ってしまう社長がいますが、これは経営者にとって最も危険な勘違いの1つです。たとえ利益が順調に出ている企業でも、会社の体質や業態によっては過大な投資によって経営が大きく傾くことがあります。最悪の場合は倒産につながりますから、よくよく注意が必要です。

中小企業が倒産するときに、銀行から不動産の購入や自社ビルの建設を勧められたことがきっかけとなって資金繰りに詰まるケースがよく見受けられます。銀行からの勧めを勘違いする社長は少なくありません。「銀行は返済能力のないところには融資しないから、銀行が不動産購入を勧めるのはうちの会社に信用があるからだ」というものです。

自分の会社の財務状況や資金繰り状況を精査せずに、こうした誘いにのってはいけません。不動産投資や大きな設備投資をする場合には、自社の貸借対照表（B／S）がどうなっているかを丁寧に分析した上でどうすべきかを慎重に考える必要があります。例えば、不動産に投資するとき、いくらまでお金が借りられるのか、自己資金はどれくらい必要なのか、運転資金は大丈夫なのかなど、判断材料となる情報はすべてＢ／Ｓを読み込めば手に入ります。銀行に勧められるがまま買うようなことは絶対にしてはいけません。

利益が出ていても不動産購入が危険な企業

こんな例がありました。

Ａ社はスポーツ用品を中国で製造し、それを輸入して日本国内で販売していました。社長の１つの夢は１億円の経常利益を出したら全社員でビールかけをすることでした。業績は毎年向上し、経常利益はついに１億円を突破しビールかけを行い

ました。次の年は1億6000万円、その年の経営計画発表会では2億円を目標としました。

そんなときに銀行から自社ビルと倉庫を購入しないかという話がありました。A社の社長は、「銀行から『あなたのところはこれだけ利益が出ているから自社ビルを買いませんか、安い金利でお金を貸しますよ』と勧められた」と私のところに相談に来られました。相談を受けた私は、この話は断るようにアドバイスをしました。

運転資金の大きな会社は資金繰りのリスクが高い

というのも、輸入商品の販売をしているA社は買掛金が少なく、売掛金と棚卸資産が多い会社だったからです。常に「運転資金」が大きな額になっていて、実態としては借金をする余裕はない状況にあったのです。

A社は多額の運転資金が必要なだけでなく、現状では

運転資金の計算式

運転資金 ＝（受取手形＋売掛金＋棚卸資産）−（支払手形＋買掛金）

輸入商品の販売をしているA社は、仕入れ代金を早く支払う必要があるため、支払手形や買掛金の額は小さい。一方で売上債権はなかなか現金にならないため、多額の運転資金が必要になる

自己資本比率が低い上に、支払いは早いのに資金回収が遅い、「サイト負け」をする業態でした。それに余裕資金が少なかったことも断るべき理由でした。こうした会社が、不動産を購入すれば、たとえ利益が出続けていても何かあればすぐに返済が困難になります。

運転資金とは、売上債権（受取手形と売掛金）と棚卸資産を足したものから、仕入債務（支払手形と買掛金）を引いたものを指します。一般に、企業では売り上げが上がってもその時点では売掛金や受取手形が増えるだけで、すぐに現金にはなりません（下図）。売り上げが立ってから現金として入るまでの期間を「回収サイト」と言います。一方で、仕入れについては、仕入れた時点ですぐに現金が出ていくわけではありません。仕入れから実際に現金や預金で支払うまでの期間が「支払いサイト」です。回収サイトより支払いサイトが短いことが先ほどの「サ

P/Lは黒字でも現金は減る

イト負け」です。

Ａ社の事情を少し詳しく説明すると、取り扱う商品が輸入品であるために支払いが早く、しかも前渡し金を支払う必要がありました。つまり、仕入れ先が海外であるため買掛金が少なく多額の支払いが早く発生します。つまり「支払いサイト」が短いのです。一方で、販売先は国内ですから売掛金や受取手形が多く、現金になるのが遅い、つまり「回収サイト」が長い構造です。さらに、売り上げが拡大しているため売掛金、受取手形、棚卸資産が毎年増加していました。こういう状態では多額の運転資金が必要となります。事実、Ａ社ではお金のほとんどが運転資金に吸い込まれているような状況でした。

銀行が話を持ってくるのは、銀行のため

私は続けて、社長に次の話をしました。

「銀行が社長にこの話を持ってきたのは会社に信用があるからだとは思わないでください。銀行はきっと不良債権を抱えていて、担保に取っている不動産を売却して不良債権を回収したいのです。この物件を社長に売却すれば担当者は不良債権を回収したとして評価され、御社のような優良会社に多額の貸し付けが成功すれば担当者の実績になります。銀行は会社のためを

思ってこの話を持ってきたのではなく、銀行のためにこの話を持ってきたのです」と。

Ａ社はその年の大幅な円安で仕入れ価格が１・５倍になり、２億円の経常利益達成が一時危うくなりましたが、社長と社員の努力でなんとか黒字決算にできました。銀行の勧めるままに不動産を購入していたら借金返済で今も苦しんでいたかもしれません。

運転資金を把握するためにＢ／Ｓをよく読む

中小企業の社長は自社の運転資金を把握するためにＢ／Ｓをよく読み、チェックし、同時にサイト負けの状況もよく知る必要があります。そして、銀行からあとどのくらい借りられるか、売掛金はあとどれくらい増やせるか、といった点を把握しなくてはなりません。

運転資金が大きな会社は一般に短期借入金で調達しています。銀行も、運転資金の額を見て、いくらまでなら貸せるかを判断します。こういう会社では不動産や設備などの投資ができるか、またそのためにどれだけ長期の借り入れができるかは、社長がＢ／Ｓを見て運転資金が詰まらないかどうか、自己資本比率や現預金の残高、さらに現状の借入金の返済や利息の支払いが毎月どれだけあるのかを精査した上で判断しなくてはならないのです。

社長の勘違い・その15

運転資金は短期借入金で調達

社長と銀行で運転資金の考え方が違う

「運転資金は短期借入金で調達する」――。中小企業の社長でこのように思っている人がけっこういますが、それは大きな間違いです。

運転資金を調達するなら長期借入金で借りるべきです。それなのに、なぜ短期借入金で借りようと考えるのでしょうか。そこには運転資金に対する経営者と銀行の認識のズレがあるからです。

両者が考える運転資金とはそれぞれ何かを確認してみましょう。社長が想定する運転資金と銀行が考えている運転資金の間にあるズレを理解しておくことが必要です。

一般に、社長が想定する運転資金とは、大まかにいえば「設備投資以外にかかる資金のすべて」です。売り上げの回収（受取手形や売掛金などの売上債権の回収）より仕入れの支払い（支払手形や買掛金などの買掛債務＝仕入債務の支払い）の期限が先になって資金が不足する「サイト負け」

の対策資金以外にも、夏・冬の賞与や税金の支払い、借入金の返済、一般経費の支払いまで運転資金の対象に含める社長もいます。

一方で、銀行の考えている運転資金とは、「受取手形＋売掛金＋棚卸資産」から「支払手形＋買掛金」を引いたものです（下図）。銀行はこの差額を短期貸付の融資枠と考えていると思っていいでしょう。

サイト負けと必要在庫分までが運転資金

銀行側の考えを少しかみ砕いて言うと、「通常の営業でどうしてもサイト負けしてしまう部分の金額と必要な在庫を保有するための金額は、最低限、運転資金としてお貸ししますよ」という意味になります。それ以外のもろもろの経費は、運転

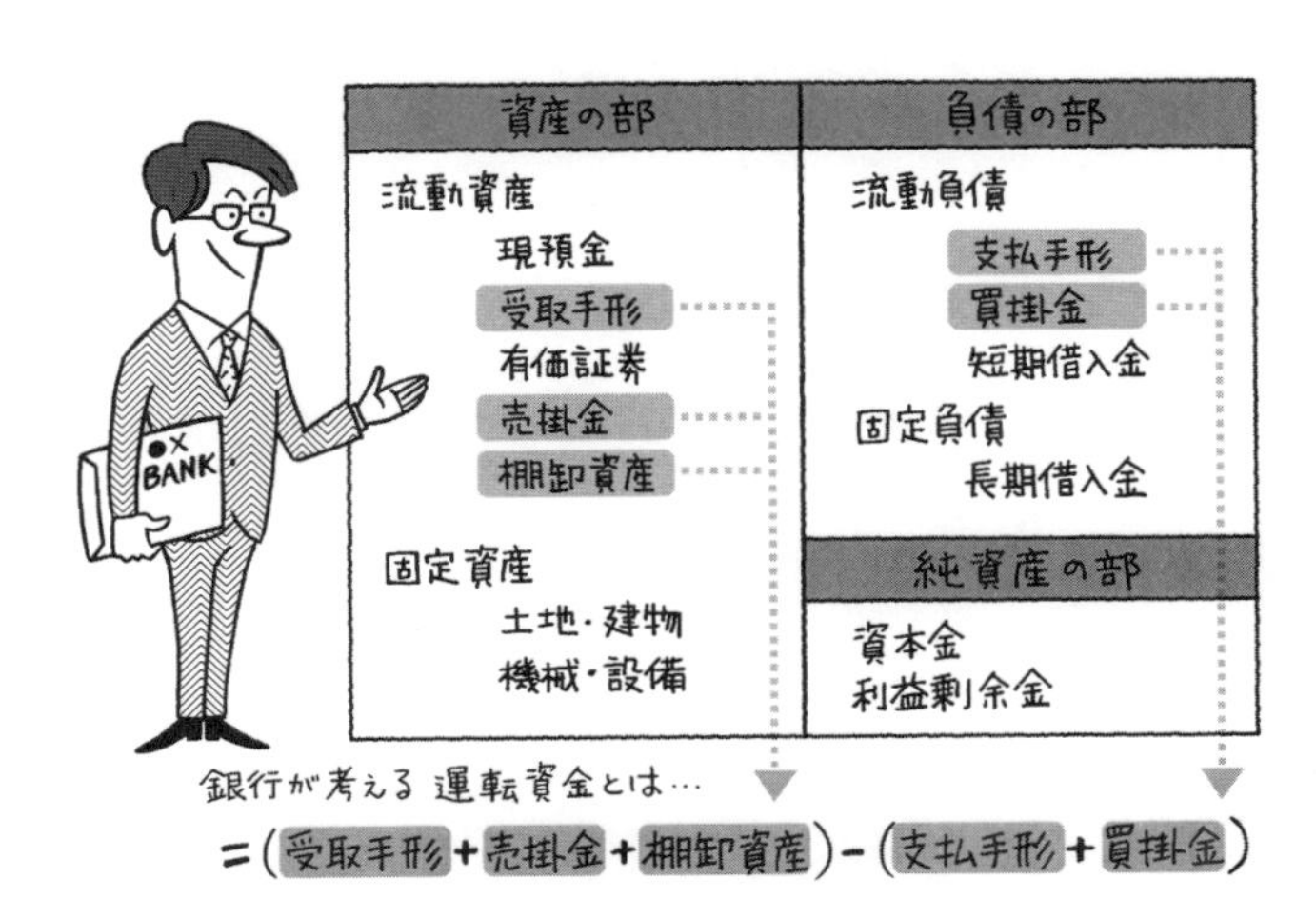

資金とは言えず、ただの「赤字補塡資金」ですので、「運転資金として貸してほしいと言われても貸せません」ということになります。

こうした両者の認識のズレがあるために、社長は運転資金を余分に短期で借りたがるのです。

季節変動資金を除いて短期で借りていい資金はない

では、銀行の考える範囲の運転資金なら、短期借入金で調達するのは正しいでしょうか。

例えば、企業が商品在庫（棚卸資産）の仕入れ資金を短期借入金で調達する場合を考えましょう。仕入れ資金を短期で借りた場合、商品が売れ残ることもあります。すべて売れたとしても、その利益で全額を返済することは普通できません。商品が売れれば再び仕入れますから在庫は減らず、新たに短期借入金が増えます。それに、返済原資である利益にも税金がかかるので社長の思惑ほどには返せません。仕入れ資金は長期借入金で調達すべきものなのです。

サイト負けの対策資金も同様です。

サイト負けの額は粗利益率によって決まります。

例えば、粗利益率を50％とすると、売上債権が3億円なら買掛債務が1・5億円あることになります。この会社がサイト負けになると、1・5億円の運転資金が不足しますからこの額を銀行から借りて調達する必要があります。

もし売り上げが倍の6億円になればさらに1・5億円、合計3億円の資金調達が必要になり、短期借入金で調達することはますます困難になります。

このように大きな金額になるサイト負けの対策資金は長期借入金で調達して利益から何十回かに分割して返済すべきものなのです。

社長によっては短期借入金は「転がし」（短期継続融資の俗称）だから元本は返済しなくてもよく、資金繰りを心配する必要はないと勘違いをしている人がいます。

しかし、これは大きな間違いです。

短期借入金は約定で1年以内の返済が条件です。もし銀行が手のひらを返したように約定を盾に返済を迫ってきたら従うほかありません。返せなければすぐに資金繰りに詰まります。会社を潰さないためにも、資金はできる限り安全な方法で調達すべきです。今どき、季節変動資金を除いて短期借入金で調達していい資金などないのです。

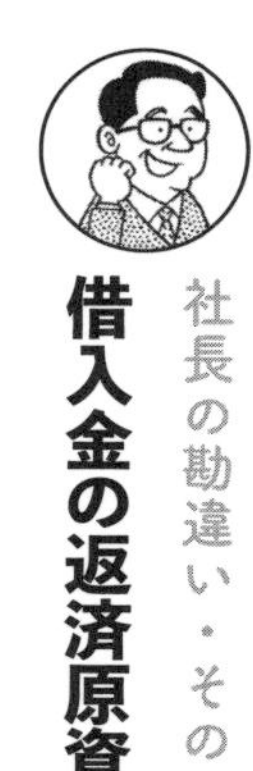

社長の勘違い・その16

借入金の返済原資は税引後利益や減価償却費

借入金は「税引後利益＋減価償却費」で返す⁉

財務体質を良くするということは、借金を減らし、ムダな資産を圧縮して自己資本比率を高めると同時に現預金の額を増やしていくことにほかなりません。具体的には、受取手形、売掛金、土地など、貸借対照表（B／S）の左側にあるムダな資産を減らしながら、返済資金を調達し、それによって借入金の返済をしていくことが重要です。

ここでは、借入金の返済原資について、もう少し詳しくお話しします。

会計の本などには、「長期借入金の返済原資は、税引後利益＋減価償却費」などと書いてあります。今期の損益の最終結果である税引後利益に、費用にはなったけれども実際にはキャッシュが出ていかなかった減価償却分をプラスした額が返済原資になるという考え方ですが、私に言わせれば、これは勘違いです。

B／Sの科目である長期借入金の返済原資はあくまでお金。つまり、B／Sの科目である現預金です。一方、税引後利益と減価償却費は損益計算書（P／L）の科目です。何度か申し上げてきましたが、P／Lの科目でB／Sの科目は返済できません。P／Lはあくまでも損益を示すもので、現預金の動きとは一致しません。借金の返済はお金でしかできないのです。「長期借入金」を「税引後利益」や「減価償却費」で返すことはあり得ないのです。

たとえ税引後利益や減価償却費が多くても、流動資産の売掛金や棚卸資産の増加ですぐに換金できない資産になったり、機械装置・車両運搬具などの固定資産に使われていたりしたら、返済原資となるお金は手元に残っていません。

B／Sの科目である長期借入金は、同じくB／Sの科目である利益剰余金（当期利益の累積）と減

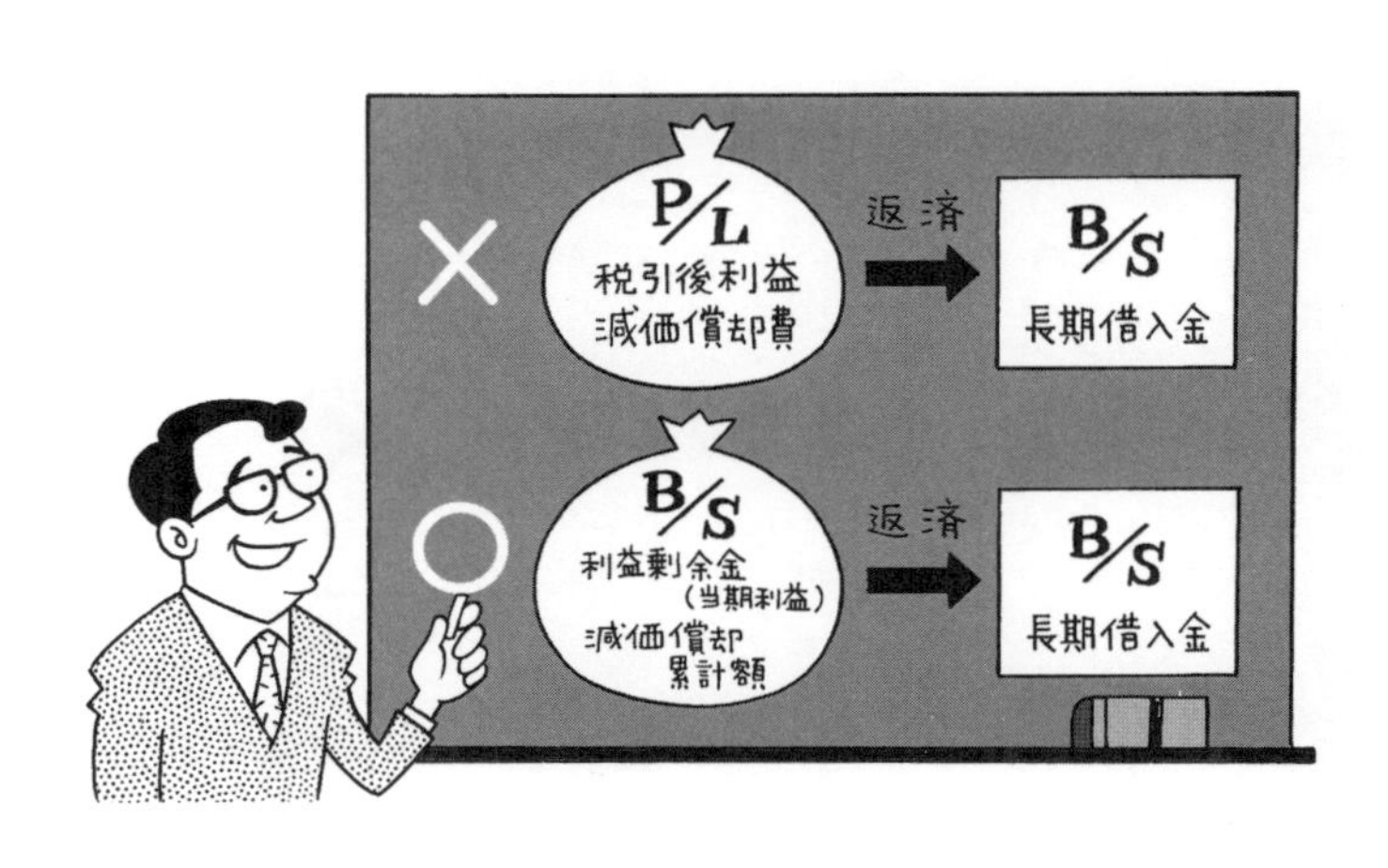

価償却費の累計額である減価償却累計額で相殺しなければ理屈が合わないのです。

ただし、同じB／Sの中でも右側の科目で返そうとすると不都合が出る場合もあります。

例えば、長期借入金返済のために短期借入金を借りると、B／S上では長期借入金は減りますが短期借入金が増えます。短期借入金が増えると、すぐ返すべき借金の額がますます増え、資金繰りは一段と苦しくなります。

また、買掛金の支払い期間を延ばしたり、預金による支払いから支払手形の発行に変更して資金を調達すると、手元に現金が残るので、それを返済に充てることはできます。ただし、いずれの場合も、財務体質は悪くなります。あるいは、こんなことはあってはならないことですが、いよいよ

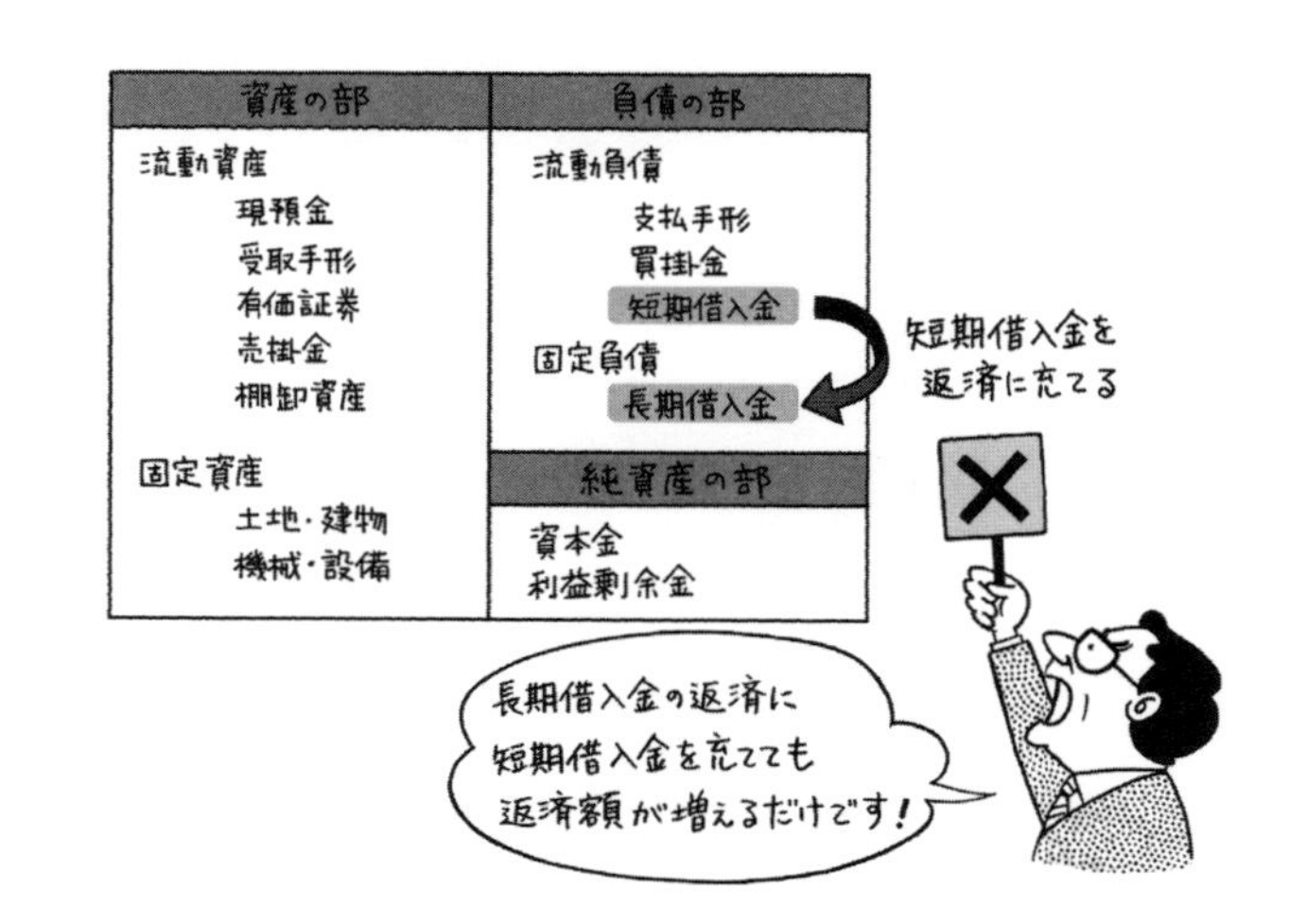

追い込まれたときの最後の手段として、社員の給料の支払いを１カ月分待ってもらえたとすると、その分だけ未払金が増えるので、手元に残った資金を返済に充てることができます。いわゆる自転車操業であり、末期的な企業によくある話です。

同じB／Sの純資産の部にある当期純損益を返済原資にする方法もありますが、より多くの借金を返そうとすれば、多くの利益が必要となり、その分、支払う税金の額も増えます。

結論としては、B／Sの左側にある売掛金や受取手形、棚卸資産、固定資産、投資などを少なくして現預金を増やすことで長期借入金を返済する方法を最優先してください。

これなら税金というコストもかからず、総資産が圧縮でき、財務体質が良くなります。多くの経営者は、儲かっていることと、手元にお金が残っていることの区別がついていません。これが「勘定合って銭足らず」になる原因です。お金＝フリーキャッシュフローを増やさなければ、長期借入金の返済はできないのです。

社長の勘違い・その17

借入限度額は月商の6カ月分

売り上げが大きい会社は多く借りられるというウソ

経営者にとって借金をどうするかは極めて切実な問題です。無借金経営が理想ですが、現実問題、なかなかそうはいきません。ほとんどの中小企業では借金なしに経営は回らないのが実状です。今いくら借金があって、あといくら借りられるのか、いくら返せばいいのかは、中小企業の社長にとって最も重要な経営課題の1つです。

では、借金はいくらまでできるのでしょうか。何か「借入限度額」に目安のようなものはあるのでしょうか。簡単に分かる方程式のようなものがあればぜひ知りたいところです。

多くの社長が抱えるこの悩みに対して、世の中には、借入限度額は月商の6カ月分だとまことしやかに言う人がいます。しかし、これは大間違いです。

そもそも貸借対照表（B/S）の科目である借入金の額を、損益計算書（P/L）の月商＝毎月の売上高で判断できるはずがありません。P/Lはあくまでもある期間の売り上げや原価、利益を見るものであって、いま会社にいくらお金があり、どのくらいの借金があるかはＢ／Ｓを見なければ分からないからです。

このことは、粗利益額が同じで、粗利益率が違う2社（粗利益率１００％のＡ社と10％のＢ社）を考えれば分かります。Ｂ社の売り上げはＡ社の10倍です。もし月商の６カ月分で借入限度額が決まるなら、Ｂ社はＡ社の10倍の借り入れができることになります。しかし、そんなはずがありません。

借入金の限度額は、会社が置かれた状況によって千差万別のはずです。手元に現預金がどれだけあるのか、今ある借金の残高はいくらか、年間の返済額はいくらか、さらに、売り掛けの入金条件と仕入れの支払い条件、棚卸の方針、不動産や設備を賃借しているのか自社所有か、リースはどう

しているかといったことなど、さまざまな要因によって借入金の限度額は違ってくるはずです。売り上げが大きいからといって借入限度額が多くなるわけではないのです。

目安は「フリーキャッシュフロー」

借入限度額の目安になるのが、事業活動や財務活動によって会社に実際に残るお金を示す「フリーキャッシュフロー」です。

毎年確実に稼げるであろう「フリーキャッシュフロー」の額の範囲内で返済できる金額を決め、それに応じた借入金にするのです。例えば、毎年の税引後利益見込みが400万円程度の会社であれば、見込まれるフリーキャッシュフローは300万～500万円といったところです。つまり、毎期の返済額を300万円程度に収まるように借りることになります。

これまで私は、無借金経営を目指しながら、中間ゴールとして、B／Sの右側の「自己資本」(純資産)、長期、短期の借入金などの「金融負債」、買掛金や支払手形などの「信用負債」をそれぞれ総資産の3分の1にして、B／Sの左側にある「現預金」を総資産の3分の1以上持つようになりましょうと言ってきました。

その上で、さらに改善して最終目標である無借金経営ができれば究極の超優良会社ですし、中間ゴールにたどり着いた会社も優良会社です。中小企業の場合、多くの会社はなかなかそこに到達できません。そうなるまでは、借金の返済がフリーキャッシュフロー以上にならないように常に気を配り、財務状況を改善していく必要があります。借金のための借金をしてはいけないのです。

資金繰りに詰まる会社は、多くの場合、フリーキャッシュフローの額よりも借入金の返済のほうがはるかに大きくなっています。こういう会社では借金を返済するために借金をしているため、年間返済額が膨らむのです。このような状態で銀行に新規の融資をしないと言われたら資金繰りに詰まり倒産の危機です。ですから、こうならないように、借入限度額はくれぐれも慎重に考えなくてはいけません。年間返済予定額が自社の体力に見合っているかどうか、フリーキャッシュフローを見てきちんと考えるようにしなくてはなりません。

支払手形よりは借入金のほうが安全

なお、手形取引をしている会社はより注意深く考える必要があります。

会社は銀行からの借入金ではなく、手形の不渡りで倒産します。支払手形は、支払期限が来れば待ったなしで支払わなければならない取引先への借金です。安全な経営を目指すためには、ゼロにしていくように努力すべきものです。

支払手形よりは、銀行から借りること（できるだけ長期借入金）を選択したほうがいいでしょう。支払手形を発行しなければ不渡りによって倒産する危険は減るからです。

銀行からの借り入れは、万が一返済できなければ返済期限などの返済条件を見直すリスケジュール（リスケ）を申し入れることができます。

受取手形はどうでしょうか。こちらは売掛債権（売上債権）です。受取手形を割る（現金化する）ことなく手元に保有しておけば緊急に資金が必要なときに割り引いて資金調達ができます。短期借入金は借りるまでに時間がかかる上に、借り入れができるかどうかは審査次第です。ところが、取引先が安心できる会社であれば、その受取手形はいざというときの資金調達に使えるのです。

このように、自社の手形取引がどうなっているのかも見極めた上で、借り入れ戦略を考えていく必要があります。

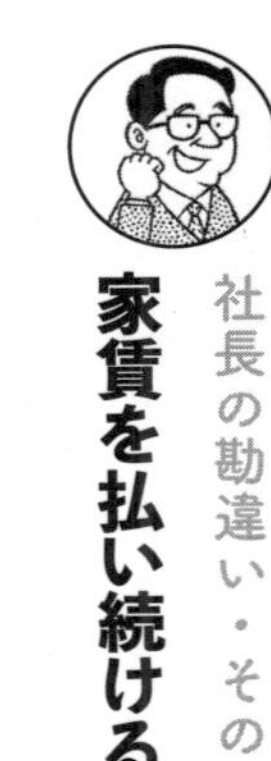

社長の勘違い・その18

家賃を払い続けるより自社で不動産を購入

余分な借金で、倒産につながる場合も

利益が出ているからと、貸借対照表（B／S）を精査せずに自社で不動産を購入して大失敗をする社長が後を絶ちません。そこには「家賃を払い続けるより、購入のための借入金を返済すれば、やがて自分のものになるからいい」という勘違いが潜んでいます。ここでは、なぜこの勘違いが生まれるのか、そしてどう考えればいいのかを見ていきましょう。

A社は年商30億円の家電製品の小売業です。社長の人柄もよく、社員も挨拶を絶やさない礼儀正しい人たちです。利益も、毎年1億円未満ではありましたが、着実に出していました。あるとき、社長が私のセミナーを聞いて相談に来られました。「利益は出ているが、資金繰りが苦しい」という相談です。

一般的に、小売店は現金商売ですから、資金繰りが苦しくなることなど滅多にないはずです。在庫があっても売掛金が少なく、買掛金と棚卸資産がバランスしていれば資金は回ります。

B／Sを見せてもらうと、本社の土地、建物のほかに、社長が個人的に付き合いのある地主から頼まれるままに駐車場などを購入していました。「利益が出ているから、買える不動産は買っておこう。購入費用が経費になるから、会社で使っている駐車場も毎月賃料を払うより買ったほうがいい。借入金の返済が終われば、ゆくゆくは会社の資産になるのだから」という勘違いです。

実は、不動産購入による経費は、社長が思っているほど大きな額にはなりません。

例えば、不動産購入で経費になるのは建物の減価償却費ですが、定額法による長期間の償却なので実はたいした経費にはなりませんし、一番支出額の多い土地の購入代はそもそも償却できません。駐車場にする場合の費用は、土地の上に舗装

経費になるもの	
建物の減価償却費	長期の償却になり各期は少額
駐車場建築費の減価償却費	舗装費＋αなのでそもそも少額
購入のための借入金の利息返済	経費になる
固定資産税	経費になる

経費にならないもの	
土地の購入費	償却できず、経費にならない
購入に使った借入金の元金返済	経費にならない

する程度ですので、これも減価償却費としては少額です。土地の取得では、固定資産税と借金の金利のみが経費に算入できます。一番支出額の多い借入金の返済はもちろん経費にはならないのです。

多くの経営者が勘違いしているのは、賃借しているものを購入しても家賃と同額くらいの借入金返済にすればお金は回るし、やがて借入金返済が終了すれば自社の資産として残ると思っていることです。

Ａ社の社長も例に漏れずこの勘違いを犯してしまいました。

不動産購入前のＡ社の損益計算書（Ｐ／Ｌ）を見ると1億円近い経常利益が出ていましたし、不動産購入後は家賃や地代の経費がなくなるため、Ｐ／Ｌの利益はさらに増えました。特段、問題はないように見えます。いったい、何がまずかったのでしょうか？

Ｐ／Ｌでは利益が増えたのに……

実は、Ｐ／Ｌ上の利益は表面上の利益とでもいうべきものであって、外に出ていくキャッシュが不動産購入によって大きく膨らんでいたのです。こちらはＢ／Ｓを見ないと分かりません。

ここでは年間４０００万円の地代・家賃を払うべき不動産を6億円で購入したとしましょう。

家賃・地代の支払いがなくなったため4000万円分の経費が減り、これはP/Lに反映されます。不動産の投資は一般的には長期借入金で賄いますから、6億円の長期借入金という負債が増えます。不動産のような固定資産の増加と長期借入金の増加はB/Sに記載されるものであり、P/Lには反映されません。もちろん借入金の返済もB/Sにある科目の減少ですからP/Lには反映されないのです。

P/Lだけを見ると、4000万円の地代・家賃分がなくなり、減価償却費、固定資産税、支払利息などで2000万円の経費がかかるので、経費は差し引き2000万円減ります。その分、経常利益は増えて1億2000万円になります。税率を35%とすると、税金というコストが1億円のときよりも700万円ほど余分にかかります。P/Lだけを見ると、税引後利益が差し引き1300万円増え、不動産購入前に比べて採算は改善したように見えます。

しかし、外に出て行くキャッシュは、不動産購入前に比べて、借入金や利息の返済、税金などを合算して毎年1000万円くらい増えています。つまり、P/Lで表面上の利益が増えた一方で、資金繰りは苦しくなっていたのです。

こうして、A社は約定通りの返済ができなくなっていき、やがて借金返済のための借金をするようになりました。その借金が積み重なって、毎月の返済額がますます膨大になり、銀行は融資に慎重になっていきました。黒字倒産を引き起こす典型的な悪循環です。

取引銀行を1行に集中させ、事態が悪化

A社は複数の銀行から借り入れをしていたのですが、ある銀行から肩代わりすると申し出があり、各行と交渉するのは面倒なので、その銀行に借り入れの8割ほどを集約しました。その後、A社は同業他社との競争が激化し利益が大幅に減少。すると、銀行は金利を年々上げ、最終的には3・8％くらいになっていました。A社は借入金がほぼ1行に集中しているので言うがままにするほかに方法はありませんでした。

その後、A社は銀行から追加融資を受けられなくなり、実質的な倒産状態となってしまいました。

A社の社長は財務を知らないために2つの大きな間違いをしました。

1つ目は不動産投資による失敗。中小企業はこれが命取りになることがよくあり、多くの会社が倒産しています。

特に小売店は安易に土地、建物を購入してはいけません。私の小売業のクライアントには土地・建物の購入はしてはいけないし、まして駐車場は絶対に買ってはいけませんと常々言って

います。いったん購入してしまうと多くの場合、撤退ができないためにずるずると赤字を垂れ流すことになります。気がついたときにはどうしようもなく安い値段で売却して撤退することになります。賃借ならスクラップアンドビルドで次々に条件の良い場所に移転できます。

また、駐車場は借りれば固定資産税の2～3倍の地代で済んで経費に算入できるのに、購入すると借入金の返済と利息の支払いで地代の数十倍の支払いが発生。この結果、キャッシュが回らずに倒産します。

2つ目の誤りは銀行をほぼ1行に集中させたことです。メインの銀行は他の銀行が肩代わりしないことが分かっているからリスクが高いことを理由に金利を上げてきます。通常の金利は悪くても2％くらいのところが3・8％くらいです。もし借入金が6億円とすると毎年6億円×1・8％分、つまり1080万円も余分に金利を払っています。これでは銀行のために働いているようなもの。中小企業も銀行同士で競争させる仕組みをつくっておかないといけません。

銀行は決算書だけを見て貸すのではない

銀行がお金を貸すか貸さないかは決算書、つまり会社の業績だけで決まると考えられがちですが、実は決算書以外にもさまざまな要因が絡んできます。例えば、銀行担当者のノルマの達成状況、支店のノルマの達成状況によっても結果が変わってきます。

銀行全体の収益計画があり、それを実現していくために各支店に営業目標が割り当てられ、さらにはその支店ごとの営業目標を銀行員一人一人に分担させてノルマが決まることが一般的です。

中小企業の経営が社長のトップダウンで決まるのと同様に、銀行も上意下達で、現場が大切と言いながらも本部の言うことは絶対という組織風土があります。

中には「ノルマ達成だけが正義とされる世界」という言い方をする人もいるくらい、ノルマ達成が重んじられる組織です。

ノルマも達成すればいいというものではない

ところが、ノルマというのはただ達成すればいいという話ではなく、銀行員のノルマは常にほぼ計画通りとする「ニアピン」が求められるのです。

つまり、上から与えられた目標を下回るのは論外としても、上回り過ぎるのも時に問題となります。それは、銀行のノルマは常に前期の実績プラスアルファで決まるからです。

ノルマを大幅に超える実績を上げると次期の目標が引き上げられ、自分たちの首を絞めてしまいます。ただでさえ、融資量を確保することが難しい現状にあって、今まで以上の融資目標を与えられては死活問題と考える行員は少なくありません。

銀行員のノルマは4月～9月、10月～3月の半期ごとに与えられますが、自分のノルマや支店のノルマの達成が見えてくると、ニアピン狙いの銀行員はそれ以降の融資申し込みについては次期に回そうとします。

3月や9月は銀行もノルマ達成に追われるから他の月に比べて融資審査が甘くなりがちとよく言われますが、それは銀行の担当者や支店がノルマ達成が見えていないときの話であって、既に達成済みであればそれ以上の実績は不要と考えがちなのです。

３月もしくは９月なら融資を受けられるはずと安心しきっていた経営者にとって、融資が先送りされることは大変な問題です。３月、９月を狙うにしても、２月または８月の初めには融資の申し込みをしておくべきです。

支店長の性格にもよる

支店長の性格も融資に大きく影響します。

支店の中で融資するかしないかの決裁権を持っているのは支店長です。金額などの条件によって本部稟議（りんぎ）になることがあっても、支店長が一度決裁したものは本部がおいそれとは否定できるものではありません。本部の審査役が支店長のかつての同僚や先輩・後輩であることも多々あります。

融資が認められるかどうかの最大の関門はやはり支店長なのです。

ところがこの支店長の性格はこれまでの経歴などによって異なります。営業畑の出身か、融資審査畑の出身かに大きく分けられます。

営業畑の支店長は、営業数字を上げることで評価されてきた人が多く、支店長になってからも融資を積極的に伸ばしていこうとしがちです。本部も当然それを期待します。

一方、融資審査畑出身の支店長は、鋭い審査の目線を持つことで不良債権の発生を抑えたり、部下のコンプライアンス徹底によって評価されてきた人が多く、支店長になってからも、そのスタンスを取ると思ったほうがいいでしょう。

このタイプの支店長が絶対にしたくないことは自分がハンコをついた融資案件で不良債権を出すことです。結果、融資判断は非常に渋くなりがちです。

そして、銀行の人事は、この営業畑と融資審査畑の支店長を交互に支店に配属することが多いようです。

その裏には、営業畑の支店長は積極的に融資実績を積んでいきますので、その過程で融資審査畑の支店長に比べ審査がやや緩めとなり、不良債権を発生させるリスクが高くなりやすい傾向があります。

そこで、営業畑の支店長の次には、融資審査畑の支店長を配属していったん融資の拡大を落ち着かせるようにすることが多いのです。

バランスを取ろうとする力学が働く結果、融資審査畑にしろ営業畑にしろどちらか一方の系統の支店長をずっと配属させ続けるのではなく、次の支店長は前任者とは逆のタイプにするという人事を繰り返すことが多くなります。

支店長の性格は渉外担当者の性格も変えてしまいます。超イケイケで貸しまくっていた渉外担当者が、支店長が代わったとたんに元気がなくなることはよくあります。

支店で行員の不正が発覚したりすると現支店長が更迭されてガチガチに保守的な支店長が配属されたり、過去に建設業向けの融資で大口の焦げつきを出したような支店長は建設業というだけで取り上げなかったりします。銀行という組織と付き合っていながら結局は「人」で融資が決まることが多いからこそ銀行との取引は難しいのです。

複数行との取引を原則とする

これらのリスクを回避するには、複数の銀行と取引するしかありません。

複数行から融資を受けていれば、ある銀行の支店長が渋くても、他行の積極的な支店長に融資を申し込めばいいのです。非常に親身に対応してくれていた担当者が支店長の交代によって全く会社に訪ねてこなくなったかと思えば、今まで見向きもしてくれなかった銀行の担当者が足繁く通ってくるようになったりします。

銀行の担当者の変化に一喜一憂せず、銀行とはこういうところだと思って取引すること が大切です。気に入らない支店長、担当者だからといって、その銀行との取引をやめるのはナンセンス。次の人事異動まで我慢すればいいだけです。

第3章

経営者なら絶対に知っておきたい「資金別B／S」

社長の勘違い・その19

売り上げや利益が増えると会社にお金が残る

儲かった利益はどこに消えたか

ごくシンプルに考えれば、売り上げや利益が増えれば会社にお金は残るはずです。実際にこのように考えて、やみくもに売り上げ拡大に走り、落とし穴にはまる社長が後を絶ちません。資金繰りが苦しくなると売り上げ拡大に走る。その結果、さらに資金繰りが苦しくなって倒産する。こうした流れで失敗する社長は、資金のことをあまりにも知らないと言わざるを得ません。

一般に、会社の商売は商品を仕入れて在庫を持ち、販売してお金を回収することの繰り返しです。製造業なら材料の仕入れと製造が加わります。ほとんどの会社は掛けでお金をやり取りします。販売業でも製造業でも、ほとんどの会社で仕入れた代金の支払いが先で、売掛金などの回収は後になります。支払いより回収が後になる「サイト負け」になるわけです。サイト負けの会社が、シンプルに売り上げを拡大しようとすると売掛金の回収までの間はお金が足りなくなるのが当たり前なのです。

現状の売り上げで利益が出ていれば、売り上げを増やさなくても利益はお金として手元に残ります。しかし、売り上げを伸ばそうとすると、売掛金、受取手形、棚卸資産が増え、手元のお金が減ってしまうのです。逆に、利益が出ている状態で、上手に売り上げを縮小させると売掛金、受取手形、棚卸資産が減るので、手元のお金が増える現象が生じます。

よく本の宣伝などで「売り上げが増えないのにお金が数倍増える手法を伝授します」というものがありますが、当たり前のことを言っているだけです。もともと持っているお金が少なければ資金は数倍にも増えます。

会社経営において、売り上げや利益が順調であるに越したことはありません。毎年、利益を上げ、残

った お金を内部留保し、自己資本比率を高めていくことは、中小企業の経営の王道です。しかし、損益計算書（P／L）を見る限り、利益は出ているはずなのに、なぜか資金繰りに詰まり、倒産してしまうことがあります。いわゆる「黒字倒産」です。

こうした会社では、手元にある現預金と借入金のバランスや「サイト負け」の状況、手形の状況などに経営者の目が行き届いていません。

儲かっている中小企業の中にも、実は手元にほとんどお金が残っていない会社があります。損益計算書（P／L）上で税引後利益がきちんと出ていたとしても、売掛金が増加したり、借入金の返済に充てていたりすれば、手元にお金は残っていません。

社長は、お金がどこから生まれ、儲かった利益はどこに消えたかを、きちんと理解していなければなりません。

そのために必要とされているものが財務3表の1つであるキャッシュフロー計算書（C／F）です。ただ、キャッシュフロー計算書は、期間のお金の流れだけを示すもので、累計の利益がどこに使われたかまでは分かりません。

累計の利益が何に使われたのかを一目で把握できるようにしたのが「資金別貸借対照表」（通称、資金別B／S）という、特別な分析表です（120〜123ページに参考図）。少し詳しく言うと、長年累積した利益である、貸借対照表（Ｂ／Ｓ）の純資産の部の利益剰余金がどのように使われたかを示すものが、「資金別Ｂ／Ｓ」なのです。上級者向けの表ですが、経営者なら分析の流れを理解すると資金のことがよく分かるので、ここで紹介しておきます。Ｂ／Ｓを理解すればこうした応用もできるのです。

Ｐ／ＬとＢ／Ｓから作る「資金別Ｂ／Ｓ」

資金別Ｂ／Ｓは、税理士の佐藤幸利氏が考案したもので、Ｂ／ＳとＰ／Ｌを並べ替えて（組み替えて）作るものです。資金別Ｂ／Ｓでは、資金を、「損益資金」「固定資金」「売上仕入資金」「流動資金」の４つに分類し、過去の利益の累計である「損益資金」がどのように使われたのかを示してくれます。これを2期分作って比較すると、４つの資金の前期と当期の科目残高の増減によりお金の流れを分析できます。

１つ目の「損益資金」とは、事業によって儲けた利益の累計がいくらかを示すものです。これを稼ぐことが会社の目的になります。Ｐ／Ｌから当期利益、Ｂ／Ｓから前期繰越利益や利益準備金などを加え、前払費用や不渡手形などを差し引くと、儲けた利益の累計が計算できます。

２つ目の「固定資金」は、土地や建物、機械装置などが、どのような長期的資金によって賄

株式会社　日本明るく工業

2019年9月30日　**第21期**　（単位：百万円）

現預金	資金運用		資金調達	
	損益資金の部			
	売上原価	1,238.1	売上高	2,130.1
	販売管理費	816.3	営業外収益	18.6
	営業外費用	25.9	特別利益	0.6
	特別損失	1.3	（税引前当期利益）	67.9
	法人税等	27.1		
			当期利益	40.7
	前払費用	25.2	前期繰越利益	23.9
	長期前払費用	0.0	利益準備金	4.7
	不渡手形	40.0	その他の利益剰余金	850.0
			前受収益	0.0
			引当金	3.9
858.0	計	65.2	計	923.2
	固定資金の部			
	棚卸資産	411.9	長期借入金	331.6
	建物・構築物	305.7	役員借入金	2.2
	機械装置等	59.2	社債・転換社債	0.0
	土地	258.1	長期未払金	0.0
	無形固定資産	4.5	その他固定資金	17.7
	投資等	116.2	長期負債調達額計	351.4
	繰延資産	1.6	資本金	99.0
	減価償却累計額	0.0	資本準備金等	39.0
▲667.9	計	1,157.4	計	489.4
	売上仕入資金の部			
	受取手形	200.9	支払手形	167.5
	売掛金	481.9	買掛金	170.4
	前受金	0.0	前渡金	▲0.0

増減

44.2

▲71.3

122～123ページへ続く

「資金別貸借対照表」を前期と比較して会社を健康診断（その１）

資金別貸借対照表　（財務体質の健康診断書）

2018年9月30日　**第20期**　（単位：百万円）

現預金	資金運用		資金調達	
	損益資金の部			
	売上原価	1,331.4	売上高	2,219.1
	販売管理費	831.4	営業外収益	16.8
	営業外費用	34.3	特別利益	1.8
	特別損失	3.8	（税引前当期利益）	36.8
	法人税等	14.8		
			当期利益	22.0
	前払費用	34.8	前期繰越利益	▲ 22.0
	長期前払費用	0.0	利益準備金	4.7
	不渡手形	40.0	その他の利益剰余金	873.9
			前受収益	0.0
			引当金	9.9
813.7	**計**	**74.8**	**計**	**888.5**
	固定資金の部			
	棚卸資産	412.8	長期借入金	482.8
	建物・構築物	337.7	役員借入金	1.6
	機械装置等	61.9	社債・転換社債	0.0
	土地	258.1	長期未払金	0.0
	無形固定資産	5.1	その他固定資金	17.6
	投資等	159.4	長期負債調達額計	502.0
	繰延資産	1.7	資本金	99.0
	減価償却累計額	0.0	資本準備金等	39.0
▲ 596.6	**計**	**1,236.6**	**計**	**640.0**
	売上仕入資金の部			
	受取手形	214.6	支払手形	166.1
	売掛金	489.1	買掛金	211.1
	前受金	0.0	前渡金	▲ 0.0

株式会社　日本明るく工業

2019年9月30日　**第21期**　（単位：百万円）

120～121ページから続く

		売上仕入資金の部			
		受取手形	200.9	支払手形	167.5
		売掛金	481.9	買掛金	170.4
		前受金	0.0	前渡金	▲ 0.0
		未成工事支出金	0.0	裏書手形	0.0
▲ 39.4	▲ 345.0	**計**	**682.9**	**計**	**337.9**
▲ 66.5	▲155.0	安定資金 合計			

		流動資金の部			
		未収入金	4.1	短期借入金	348.0
		有価証券	16.1	割引手形	172.3
		仮払金	4.1	短期調達資金額計	520.3
		立替金	0.0	未払金	11.9
		短期貸付金	30.8	預かり金	1.7
		その他流動資産	0.0	未払費用	19.8
		仮払税金等	0.0	未払法人税等	27.1
		仮払消費税	0.0	仮受（未払）消費税	13.0
				仮受金	1.6
				その他流動負債	0.0
				超短期調達資金額計	75.1
124.4	540.3	**計**	**55.1**	**計**	**595.4**

57.9	385.3	現預金 合計	385.3	現金・流動性預金
			0.0	固定性預金

「資金別貸借対照表」を前期と比較して会社を健康診断（その２）

資金別貸借対照表　（財務体質の健康診断書）

2018年9月30日　**第20期**　（単位：百万円）

売上仕入資金の部				
	受取手形	214.6	支払手形	166.1
	売掛金	489.1	買掛金	211.1
	前受金	0.0	前渡金	▲ 0.0
	未成工事支出金	0.0	裏書手形	21.0
▲ 305.6	計	703.7	計	398.2

▲ 88.4　安定資金 合計

流動資金の部				
	未収入金	6.3	短期借入金	274.3
	有価証券	15.1	割引手形	132.1
	仮払金	1.0	短期調達資金額計	406.4
	立替金	0.0	未払金	16.3
	短期貸付金	28.0	預かり金	2.0
	その他流動資産	0.0	未払費用	9.8
	仮払税金等	0.0	未払法人税等	14.8
	仮払消費税	0.0	仮受（未払）消費税	15.3
			仮受金	1.7
			その他流動負債	0.0
			超短期調達資金額計	59.9
415.8	計	50.4	計	466.3

現預金 合計		
327.4	327.4	現金・流動性預金
	0.0	固定性預金

われたのか（買われたのか）を示します。例えば、手持ちの現預金が少ないと、ほぼ全額を長期借入金などで賄うことになります。P／L上では儲かっているからといって銀行の勧めで自社ビルを購入したり、設備投資をしたりすると、とても危険だということがここで分かります。

3つ目の「売上仕入資金」は、売上代金の回収と、仕入代金の支払い額の差額を見るもので、いわゆる「サイトの勝ち負け」が分かります。例えば、売掛金が買掛金の支払いより先に現金化されれば（回収できれば）サイト勝ちですし、反対はサイト負けとなります。

これらの「損益資金」「固定資金」「売上仕入資金」の3つの合計が「安定資金」です。さらに、これらの資金以外で発生した資金が「流動資金」で、資金全体のつじつまを合わせる役割を担っています。短期借入金と割引手形が中心です。

安定資金の額が多いほど、短期借入金や割引手形が少なく、手元の現預金が多くなり、経営は安定します。反対に安定資金が少なかったり、安定資金がマイナスの場合、つまり短期借入金が現預金以上となったりするのは危険な状態です。もし安定資金のマイナスが毎年拡大しているようなら倒産は時間の問題と言えます。そうなる前に対策を打たなくてはいけません。

資金別B／Sからは、いろいろな資金の増減や流れが分かり、会社の財務状態がどうなっているのかを正しく判断できるのです。

社長の勘違い・その20

「流動比率」が高いから、うちの会社は安全

「流動比率」が高ければ、安心・安全とは言えない

前節では、儲かった利益がどこに使われ、会社に資金がどれだけ残っているかを知るためには、資金別貸借対照表（資金別Ｂ／Ｓ）でお金の流れを見ることが大事だとお話ししました。一般的な貸借対照表（Ｂ／Ｓ）からはこうした資金の状態は見えてきません。

例えば、銀行が会社の健全性を見る際に重視する「流動比率」という指標があります。これは、Ｂ／Ｓの中に示される流動負債に対し、流動資産がどれくらいを占めているかを示すものですが、銀行はこの比率が高ければ健全な会社だと判断します。

しかし、流動資産の中身が、現預金が少なく、多くが受取手形と売掛金と棚卸資産で占められていたとしたらどうでしょう。

お金が棚卸資産に姿を変え、資金別Ｂ／Ｓの「売上仕入資金」が大きくサイト負けしてマイナスになっていれば、会社にお金は残りません。

流動比率がいくら高くても、お金がなかったら会社の経営はおかしくなってしまいます。

実際に、流動比率が３００％と高く、安全なはずの会社Ｘ社の資金別Ｂ／Ｓの数字を見ながら考えてみましょう（下の図）。

Ｘ社の損益資金を見ると３億２０００万円となっていて、これは本業が順調な（Ｐ／Ｌが健全である）ことを示しています。誰しも、利益や利益準備金などから現預金は潤沢にあるはずと思うところですが、現預金ではなく売掛金や受取手形で持っている状況で、さらに棚卸資産も多い。これらはいずれも流動資産なので、流動比率は高いのですが、実は現預金が１億円と少ないという状況なのです。

上から順に見ていきましょう。まず、儲けた利

X社の場合…

損益資金	3億2000万円
売上仕入資金	▲1億6000万円
棚卸資産	▲2億2000万円
実質損益資金	▲ 6000万円
資本金	＋3000万円
固定資産	▲3億7000万円
長期借入金	＋3億5000万円
安定資金	▲ 5000万円
短期借入金	＋1億5000万円
現預金合計	1億円

益の累計である「損益資金」は、３億２０００万円。しかし、「売上仕入資金」がサイト負けしており、１億６０００万円がここでなくなってしまいます。

また、２億２０００万円は棚卸資産で現預金が吸い込まれています。

この結果、ここまでのお金の合計である「実質損益資金」は６０００万円のマイナス。儲けたお金はすっかり消えているどころか、手元のお金が足りないということです。

さらに、「資本金」「固定資産」の分を足し引きすると、資金のマイナスは４億円。長期借入金で３億５０００万円を調達した結果、「安定資金」はなんとかマイナス５０００万円となっていました。Ｘ社はこのマイナス分を短期借入金１億５０００万円で賄い、最終的に手元に残った現預金額は１億円です。

これは、手元に残っている１億円のお金よりも、短期借入金の１億５０００万円という金額のほうが多い状態です。

仮にこうした状態で銀行から「期日が来たから」と返済を求められたとしたら、この会社は資金不足で倒産してしまいます。過去にいくら儲けていたとしても、手元にお金が残っていなければ、こうした事態になりかねません。

現預金を増やし、借入金を減らしていくことが、いかに重要かが分かるでしょう。

現預金があるから資金力もあるとは限らない

これまで「資金別Ｂ／Ｓ」についてお話ししてきました。会社が儲けた利益がどこに流れているのかを把握できるのが、この資金別Ｂ／Ｓです。例で見たように、銀行が経営の指標として見る流動比率が高かったとしても、会社に資金がなければ経営はおかしくなってしまうのです。

このことを証明するのが「資金力格付表」です（下図）。資金力格付表は資金別Ｂ／Ｓから作成するもので、一言で言うと、会社の真の資金力が分かるように資産と資金調達方法を集計し直したものです。これも資金別Ｂ／Ｓと同じく、税理士の佐藤幸利氏が考えたものです。

表の左側の「資金の運用内容」は会社が使った

（単位：百万円）

資金の調達方法	金額
損益資金	146
資本金・資本準備金	20
売上仕入資金調達額	42
固定資金調達額	83
短期調達資金額	80
超短期調達資金額	0
計	371

資金の運用内容	金額
固定資金運用額	170
売上仕入資金運用額	129
流動資金運用額	1
計	300

現金預金	71

お金です。「固定資金運用額」は、土地・建物や棚卸資産など。「売上仕入資金運用額」は売掛金や受取手形など。「流動資金運用額」は未収入金などです。

右側の項目は、必要な資金をどのような方法で賄ったか（調達したか）です。

「損益資金」は会社が儲けた利益の累計額。

「固定資金調達額」は長期借入金などによる調達。

「短期調達資金額」は短期借入金や割引手形による調達。

「超短期調達資金額」は未払金などです。

図に示した会社の現預金は７１００万円ですが、そのお金はどのように調達したのでしょうか。

現預金は７１００万円と確かに手元にあります。しかし、この現預金がどのように調達されたものであるかが分からなければ、その会社の真の資金力は分からないのです。これを見ていきましょう。

使ったお金は（左側の資金の運用内容で）合計3億円。

利益の累計である損益資金は1億４６００万円ですから、不足額は1億５４００万円です。

資本金２０００万円を入れても、1億３４００万円足りません。

売上仕入資金のうち買掛金4200万円を入れれば不足額は9200万円に減りますが、まだ現預金はマイナス。買掛金を入れてもまだお金が足りないということで、借金をしないと、お金がない状態です。このため、8300万円の長期借り入れをしました。それでも900万円の資金不足を解消できず、結局、短期借入金8000万円で賄いました。

この会社の資金力を格付けすると「危険企業」です。

現預金より短期借入金が多い状態で、銀行から今すぐお金を返してほしいと言われた途端、資金がショートしてしまいます。

一般的な財務指標を使って財務分析をしてみると、この会社は自己資本比率45%なので優良の判定になります。

銀行は自社ビルの建設や土地の購入を勧め、お金を貸そうとしますが、資金力を指標にすると危険な状態であることが分かります。この会社は、絶対に土地や建物を購入してはいけないのです。資金力格付表を使うことで、真の資金力が見えてきて、やってはいけない投資などを未然に防ぐことができます。

第4章

大きな差が出る「支払い・返済・納税の勘所」

社長の勘違い・その21

仕入れ先や経費の支払いより銀行の借入金返済

資金不足の場合はこの順番で支払おう

中小企業の社長にとって「資金繰り」は最も大きな問題です。「うちの財務体質は万全。資金繰りの心配はない」と胸を張って言える社長はごく少数です。

いつも資金繰りに苦しんでいる会社は、お金を支払う順番を間違えているケースが少なくありません。そのためにさらに資金不足に陥り、最悪の場合は倒産してしまうのです。私はよく「お金には色がついている」と言っています。つまり、経営危機などの緊急時には支払いのための「順位」が決められているのです。

もし今、あなたの手元の資金が1000万円しかないときに、1500万円の支払いが必要になったらどうしますか? 不足分は500万円です。この不足分を友人や親類縁者、消費者金融から借りてまで銀行に支払うでしょうか?

窮地に陥ったら「リスケ」の交渉から

多くの会社は資金繰りが苦しくなっても、銀行への借入金返済を最優先します。しかし、これは間違いです。

資金繰りで窮地に陥ったときに、銀行がお金を貸してくれる限りはよいのですが、銀行がお金を貸してくれなくなったら、すなわち「貸し渋り」にあったら、中小企業の社長が最初にやるべきことは決まっています。それは、元金の返済を止めたり、少なくしたり、返済期限を延ばしてもらったりする「リスケジュール」、通称「リスケ」なのです。

銀行とリスケの交渉をして、「お金」を借りるのではなく、「時間」を借りるのです。もちろん

リスケは、必ずリカバリーができるときのみ試みるべきことだと心得てください。リスケによってできた時間で、会社の固定資産を売却したり、在庫を処分したり売掛金を回収したりすることでお金をつくることができます。また、役員報酬の大幅削減や人件費の削減といった経費構造の改革によって、黒字が出やすい体質に転換させることも可能です。

リスケをすれば新しく借金はできなくても、元金の返済を止めたり、毎月の返済額を減らせたりします。また、経費を抑える手立てを取ることで出ていくお金を減らせます。こうすれば、利益はわずかでも、さまざまな支払いの原資になるお金をためられるのです。

たとえ損益計算書（P／L）上は赤字決算であ

減価償却費は実際のお金が出ていかない

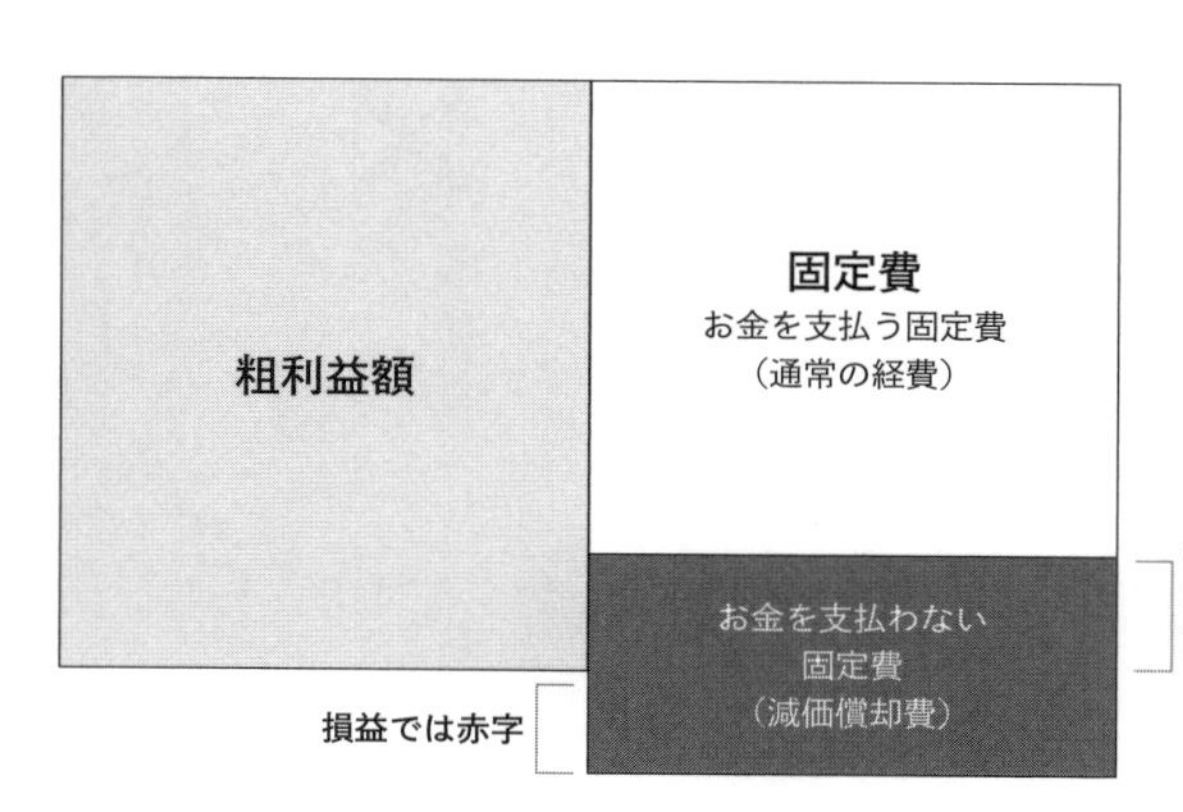

っても、赤字額が減価償却費以下ならお金はたまります。右ページの図はその例です。赤字額より減価償却費の額が多く、貸借対照表（B／S）上でも大きな問題がなければ、手元の資金的余裕はあるはずです。減価償却費は実際にお金が出ていくのではなく、設備などの資産価値が減少していくものを費用として計算に入れているだけだからです。

このようにして、たまったお金の中から金利の一部だけでも払えれば、正常取引なので会社を存続させることができます。

「万事休す」と思っても打つ手はある

では、いよいよ資金繰りに窮し、「万事休す」という緊急時に支払うべきものの優先順位は、下

の図のようになります。

⑴手形の支払い、⑵従業員への給与、⑶材料代、⑷会社を維持するための諸経費、⑸銀行への金利、⑹税金・社会保険料、⑺銀行への元金返済という順番は、待ってもらえない順番であり、リスケをした後に、相手と交渉すべき順番でもあります。１つずつ、順に見ていきましょう。

⑴手形の支払い

手形の支払いが滞れば不渡りになり、倒産に直結します。支払い金額は１円の不足も許されません。資金繰りが苦しくて不足する見込みになったら手形の支払い期限を延期してもらう（つまり手形のジャンプ）、長期の分割にしてもらうなどを取引先にお願いしましょう。

⑵従業員への給与

給与の支払い遅延は、社員の信頼を決定的に失います。それでも、どうしても払えない場合、社長としては断腸の思いですが、リストラよりは雇用維持のためにということで、10～30％を一時的に待ってもらえないか社員にお願いします。当然ですが社長の給与はゼロです。トップが率先しなければ社員は納得しません。これは苦肉の策であり、たった1度限りのことです。資金ができたら即支払いをしなければなりませんし、繰り返すならもはや手遅れです。社員に迷惑をかける経営は意味がありませんので会社を畳むしかありません。

⑶材料代

材料代の50%、あるいは1カ月分ほどの支払いを待ってもらえるよう仕入れ先に掛け合ってみます。ただし、仕入れ先が小規模の会社だとそちらが倒産してしまうこともあるので、在庫処分や売掛金の回収後は支払いを即座にすべきです。

⑷会社を維持するための諸経費

電気・ガス・水道などの料金は1～3カ月くらい支払いが遅れても何とかなるでしょう。

⑸銀行への金利

金利の支払いまで滞ると、格付け分類が大幅に下がります。金利は一部でも支払うべきです。

⑹税金・社会保険料

法人税、地方税、消費税、源泉税などの滞納総額が1000万円までなら税務署との交渉が可能です。1000万円を超えると国税庁管轄になります。ただし、差し押さえなどの強制手段もあるので、分割払いも検討しましょう。

⑺銀行への元金返済

リスケの交渉で「元本据え置き」は十分に可能です。むしろ、しっかりとした再建計画を立て、銀行に事情を早めに打ち明けてリスケを行い、会社を倒産から守るべきです。くれぐれも高利での借り入れには手を出さないようにします。もし、高利で借りざるを得ない状況なら、もはや手遅れと判断するべきです。

ここまで見てきたように、資金繰りに詰まったときに社長が最初にすべきことは銀行とのリスケの交渉です。まずリスケを銀行に受け入れてもらい、悪い言い方になりますが、時間を稼ぎます。その上で⑴～⑹の順番で支払いの優先順位をつけ、相手との交渉や、資金を確保しての支払いなどの対策を打っていきます。こうして、なんとか会社を存続させるのです。

銀行からこれ以上貸さないという「貸し渋り」を受けたなら、会社の正しい経営判断は「返し渋り」をするということです。銀行への返済はリスケができますが、支払手形の支払いは待ってもらえません。

社長の勘違い・その22

支払手形は金利の付かない資金調達法

支払手形をなくすと会社が儲かるのはなぜ

ここでは、支払手形をなくすと、倒産リスクは減り、会社は儲かるというお話をします。

中小企業では支払手形は必要なものであり、なくせないと思っている社長がけっこういます。中には「金利の付かない資金調達の方法」と積極的に活用しているような人もいます。

しかし、これはとても危険な勘違いです。そもそも手形の中には金利が含まれているので「金利が付かない」というのも大間違いです。

会社は借金で倒産するのではなく、支払手形の不渡りで倒産します。

正確に言うと、１度の不渡りで全銀行にその事実が共有され、会社の信用は地に落ちます。さらに、６カ月以内に２度目の不渡りがあると、「銀行取引停止」の処分を受けます。こうなると金融機関と当座預金での取引ができなくなり、融資も受けられなくなり、事実上の倒産に追い込まれます。

ですから、会社の経営を安全にするためには、できる限り支払手形を減らさなければなりません。支払手形は最終的にはゼロにすべきものです。

極端な話をすれば、会社は借金がいくらあろうと、また、いくら赤字を出そうと潰れることはありません。中小企業を潰す最も恐ろしいものが不渡手形です。その不渡手形を出さない方法は支払手形を発行しないことに尽きます。

中小企業の理想は無借金経営ですが、その前にすべきことはまずは支払手形の撲滅です。ある段階では、支払手形を減らすために借金をすることこそが、社長としての正しい財務戦略となります。

支払手形をなくして現金払いにすると、会社の利益は増える計算になります。

現金払いにすることで値引き交渉ができる

それは、現金払いにすることで仕入れ先に値引き交渉ができるようになるからです。

取引先に対しては、代々当たり前のように支払手形を出してきたという２代目、３代目の経営者は多く、このことは意外と知られていません。

では、どれくらいの値引きができるのでしょうか。

手形の中には、「金利」と「危険負担リスク料」が含まれていますから、これらの分を値引いてもらえる可能性があります。

仮に支払い条件３カ月の手形を現金払いにしたときに、どうなるかを計算してみましょう。

取引先の立場で考えると、現金で支払ってもらえるならば金利負担がなくなりますから、これに相当する値下げの余地が出てくるのです。例えば１カ月当たりの金利が０・３％とすると、３カ月で０・９％に相当します。つまりこれだけは値引いてもらえる可能性があるわけです。

その上で、現金払いなら不渡りの危険がなくなるので、危険負担リスク料分の０・５～１％、取引先が持っている銀行の手形割引枠が空くメリットとして、さらに０・５～１％、合計１・５～２・５％くらいの値引き交渉をすることができると考えていいでしょう。

例えば、売上高が15億円で、仕入れ額が年間12億円の会社が、支払い条件3カ月の支払手形を月々1億円発行していて、これをすべて現金払いに変えたとします。現金払いに変えるときに1・5％の値引きをしてもらったとすると、1年間で12億円×1・5％＝1800万円のコスト削減ができます。

支払手形をなくすために借り入れをする

一方、支払手形残高3億円を、利率1・5％の短期借入金で調達します。すると、3億円×1・5％＝450万円の支払利息が生じます。

値引き効果の1800万円から、増えた利息分450万円を引くと1350万円。これが、年間利益として増える計算になります。

ただ、新しい仕入れ先と取引を始める際は、現金払いを条件として値決めをしてはいけません。まずは手形払いで取引を始め、ある段階で現金払いへの移行を目指します。こうすれば、「現金払いのときは何％値引きする」と、値下げ交渉もしやすくなります。

銀行の短期借入金の返済は、交渉次第で待ってもらえますが、支払手形が不渡りになれば、会社は倒産します。

支払手形がなければ不渡りは起こりませんから、会社の倒産リスクは格段に下がります。経営コンサルタントの第一人者として知られた一倉定(いちくらさだむ)先生の言葉に「支払手形を退治せよ」というものがありますが、不渡り手形を絶対に出さない方法は、支払手形を発行しないことに尽きるのです。

支払手形を振り出すことは、ある意味、資金調達です。資金調達するのであれば支払手形の代わりに短期借入金で調達し、そのお金で現金払いにしましょう。

こうすることで、倒産リスクを減らすことができる上に、利益も増やすことができるのです。ぜひ覚えておいてください。

支払手形をなくすときの交渉は、取引先との関係から切り出しにくいとためらわれる方も多いかもしれません。参考のために次ページに支払手形廃止のお願いをする「支払いに関する変更のお知らせ」の書状を例として示しておきます。

2019年○月○日

協力業者　各位

○○株式会社

支払いに関する変更のお知らせ

拝啓　貴社ますますご盛栄のこととお慶び申し上げます。平素は格別のお引き立てをいただき、厚く御礼申し上げます。

さて当社では、買掛金に対して支払手形の振り出しをしておりますが、7月20日支払い分から支払手形の振り出しを原則廃止し、全額現金振り込みへ移行することとなりました。これに伴い、請求書の締切日は下記の通りに変更させていただきます。ただし、支払い日に変更はありません。

また、支払手形振り出しの原則廃止に伴い、全額現金振込決済に関する「約定書」の取り交わしをさせていただきます。

誠にお手数ですが、この約定書を2部同封致しますので、同意いただける場合は押印の上、1部は御社控えとして、もう1部は同封の返信用封筒にて○月○日までにご返送いただけますようお願い申し上げます。

なお、ご不明な点がある場合は経理部までご連絡をお願いいたします。

敬具

記

従来：毎月5日締め、担当者必着18日、翌月20日支払い
　　（例：2019年6月5日締め、7月20日支払い）
　　※支払手形がある場合は書留にて郵送

変更：毎月5日締め、担当者必着10日、翌月20日支払い
　　（例：2019年6月5日締め、7月20日支払い）
　　※全額現金振込決済のため、支払手形の郵送は原則禁止。
　　　ただし、支払手形を振り出した場合は従来通り郵送となります。

※1　支払い方法を全額現金支払いとすることを選択された場合は、請求書の「今回請求額」欄には、別途担当者と打ち合わせの上、3%を値引きした金額を記入してください。

※2　手形支払いを選択した場合は、従来通り手形60%(期間160日)、現金40%とし、この場合は約定書（別紙）の第3条は適用しないものとします。

※3　「支払いに関する変更の起算日」について
　　2019年5月31日以降の注文書を取り交わした工事から施行いたします。

以上

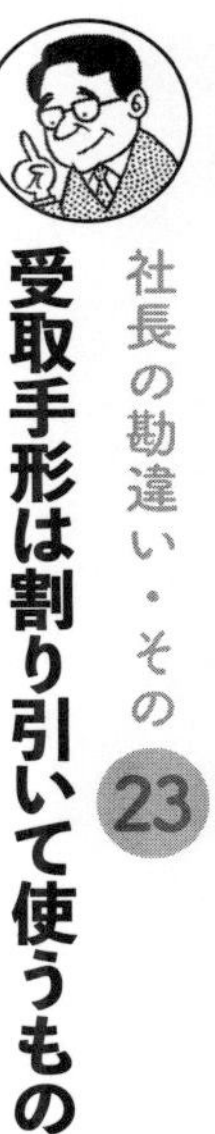

社長の勘違い・その23

受取手形は割り引いて使うもの

手形は「裏書き」と「割引」のどちらが得？

前節では、支払手形をなくすと会社は儲かるというお話をしましたが、ここでは、受取手形をテーマにしたいと思います。

受取手形は期日が来れば相手に支払ってもらって現金化できるはずの債権ですが、支払いを受けるほかに「裏書き」と「割引」という２つの使い方があります。

受取手形を第三者に譲渡することを「裏書き」すると言います。要は何かを購入したりする際に、受取手形を支払いのために使うわけです。後者の「割引」というのは、銀行に手数料（割引料）を支払って期日前に現金化することです。

では、受取手形は裏書きしたほうがいいか、割り引いたほうがいいか、どちらが利益になるでしょうか。受取手形は必要なときに割り引いて使うものと決めている方が多いのですが、それは安易過ぎます。それぞれのメリットとデメリットを理解して使い分けることが大切です。

より多く現金が残るのは「裏書き」

受取手形を裏書きした際のメリットは、銀行に割引料を取られないので、その分、多くの現金が会社に残ることです。

また、たとえ（裏書きした）手形が不渡りになった場合でも、裏書手形が買掛金という科目に変わるだけなので、仕入れ先に分割払いにしてもらうことをお願いするなど、返済条件の交渉ができることもメリットです。

一方、割引の場合は、割り引いた受取手形が不渡りになると、すぐに銀行から返済を求められたり、預金と相殺されたりする可能性があります。銀行は、割引をした会社に請求することができるからです。つまり、否応なく支払いが求められ、

受け取った手形はどう使うべきか

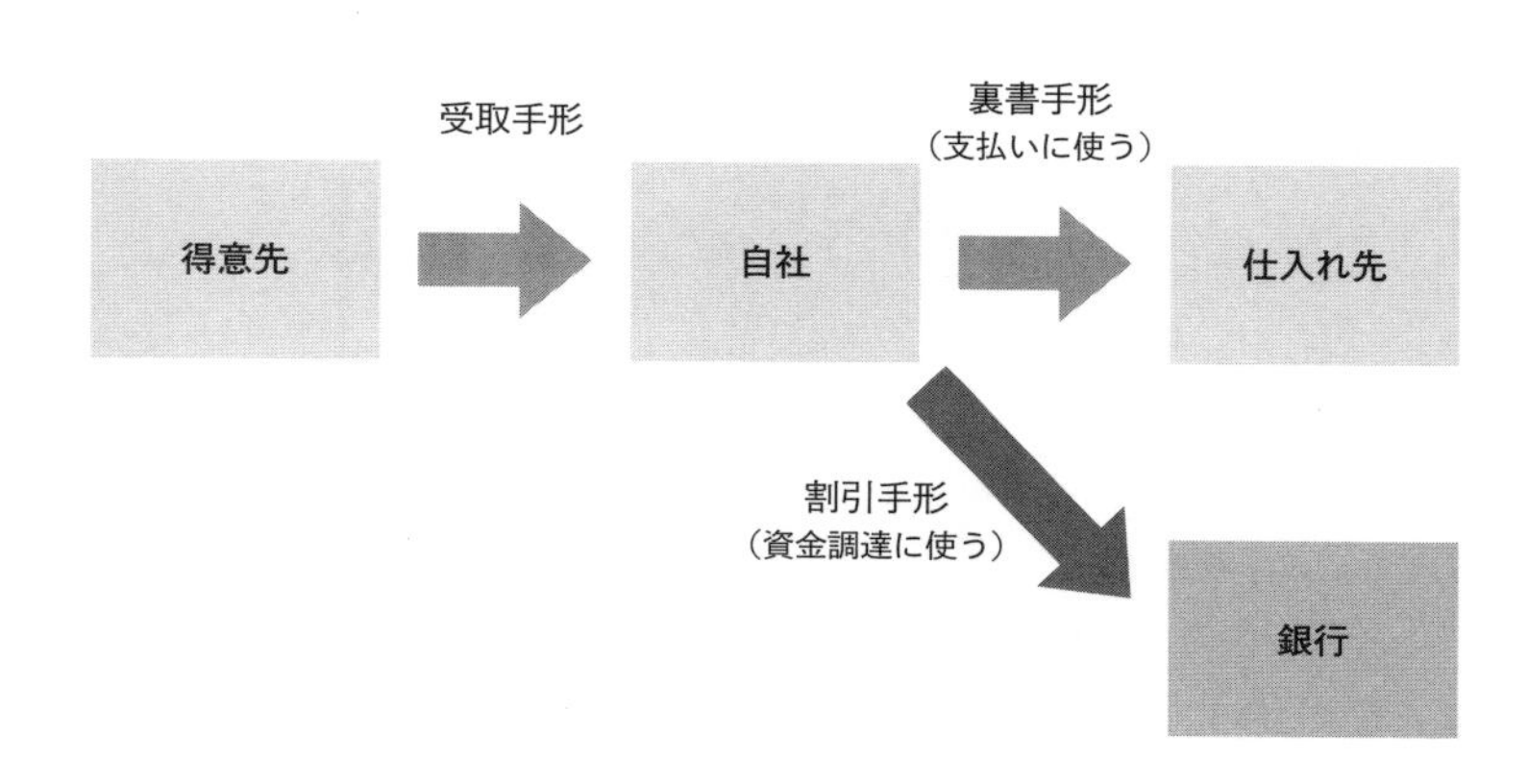

交渉の余地はありません。

ただ、裏書きにはデメリットもあります。

それは、仕入れ先に自社の得意先が分かってしまうことです。そうすると、業種によっては自社が「中抜き」される可能性が出ます。付加価値のある製造業などでは、こういった心配はないのですが、卸売業では、得意先と仕入れ先が直接取引を始めることになりかねません。このリスクさえ避けられれば、受取手形は割り引くよりも裏書きしたほうがいいのです。

割引より短期借入金での調達がお勧め

私は手形を割引している会社には、（銀行から借り入れできるなら）短期借入金に変えるように勧めています。手形の割引率と短期借入金の利息を比べると利息のほうが安いからです。

例えば割引手形で、月々１０００万円ずつ（年間で1億２０００万円）割り引いていくことと、短期借入金で３０００万円（３カ月サイトの手形が多いので）を調達するのとでは、短期借入金の金利分のほうが結果的にかなり安く済みます。例えば、手形の割引料を1回当たり０・５％とすると、年間60万円の割引料がかかります。一方、短期借入金を年利１％で3カ月ごとに借り直せば1回当たりの金利は7万５０００円なので、年間では30万円の金利で済みます。

さらに、受取手形は手元に持っておき、急に資金が必要になったらいつでも割り引けるようにしておくほうがいいとも言っています。もし手持ちの受取手形のどれかが不渡りになっても、別の手形を割り引けば対応でき、銀行の信頼を得ることにもつながります。

基本的には、受取手形は、割引も裏書きもせずに手元に置き、資金調達が必要になった場合に割り引くか裏書きをすればよく、割引より裏書きが望ましいのです。もし銀行の融資が可能なら、現金は短期借入金で調達し、受取手形はそのまま手元に置き、急な資金需要に対応できるようにしておきましょう。銀行に急に借り入れを申し込んでも、すぐに融資をしてくれず、手遅れになることもあるからです。

社長の勘違い・その24

振込手数料は受け取るほうが負担する

振込手数料はどちらが負担？

小さなことに見えても、場合によっては年間百万円単位で、会社に残るお金に差が出るのが「振込手数料」です。

取引先から商品代金などが振り込まれる際、振込手数料を差し引いた金額になっている場合があると思います。業界によってはこれが商慣習になっていて、疑問を持つ人は少ないかもしれません。私の顧問先でも、これに応じている社長が多いようです。中には、こうしたことを知らずにいる社長もかなりいます。

しかし、振込手数料は「塵も積もれば山となる」の典型で、支払いの金額や取引の頻度が多い場合は、収益にも影響するようなものになってきます。

ですから、振込手数料は取引先に負担してもらうようにしましょう。

振り込みを受ける側の負担とするという合意があれば別ですが、もし合意がなければ、手数料は振り込みをする側の負担というのが原則なのです。

このことは、民法484条、485条における、「持参債務の原則」で定められています。簡単に言うと、代金を支払いに行くための電車賃は自分で負担するのと同じように、振込手数料は振り込みをする側の負担という理屈なのです。

切り出しにくいが手はある

では、振込手数料を取引先に負担してもらうにはどうしたらいいでしょうか。

新規取引先であれば、請求書に「お振込手数料は貴社の負担でお願いいたします」と明記しておくことです。これで、先方の経理担当者は振込手数料を負担して振り込んでくれるのが普通です。

では、これまで振込手数料を負担していなかった取引先に、今後負担してもらいたい旨を伝えたい場合はどう切り出せばいいでしょうか。

私はお客様に、こう言うようにアドバイスしています。

「会計事務所の先生に帳簿をチェックしてもらったときに、『振込手数料は、本来買い手が負担するものなので、一度お客様に負担していただくようお願いしてみてください』と言われたのですが……」

こう言って「うちは無理だよ」と拒否された場合は、速やかに引き下がりましょう。無理にお願いして取引そのものがなくなってしまったら元も子もありません。

このように１件ずつ交渉していくと、取引先が多い場合は、年間かなりの金額が手元に残ることになります。

振込手数料は金融機関によって差があります。ただ、中には一律８００円を差し引いて代金を毎月振り込むような会社もあります。仮にこんな取引先が１０００社あったら、年間９６０万円も損をしているともいえます。ぜひタイミングを見て、交渉してみてください。

社長の勘違い・その25

利益を圧縮して、節税したほうが得をする

税金はできるだけ払いたくない⁉

税金をできるだけ払いたくないので、利益が出ていても圧縮して節税したいと思っている社長は少なくありません。

利益圧縮による節税対策の例としてよく出てくるのが、保険加入、借金、レバレッジド・リース、それと細かい話ですが、社長が出張するときの高額な日当と宿泊費などです。

では、こうした節税対策は、どのように考えればよいのでしょうか。

私は、お金を外に出さない節税はどんどんやるべきですが、お金が外に出る節税は控えるべきだと思っています。

その代表的なものが保険料支払いによる節税です。

中小企業の場合、社長の死亡はすなわち企業存続の危機になります。このため、不測の事態に備えて、社長に高額の死亡保険をかけて、高い保険料を支払うことで利益を圧縮し、節税す

る方法がつい最近まで広く行われていました。ある時期に中途解約をすることで、掛けた保険料の大半が返戻金（へんれいきん）として会社に戻ってくるという仕組みです。保険の掛け金は全額もしくは2分の1が税務上の損金に算入できるので、有力な節税対策としてもてはやされたのです。

しかし、制度の変更により、２０１９年の3月までで支払い額の全額もしくは2分の1が損金に計上できる節税のための保険加入はできなくなりました。ただ、それまでにかけた保険についての保険料は損金に算入できます。また中小企業では保険加入は役員退職金準備資金を積み立てる方策としてよく用いられたため、その後もこの方法を続けている会社もあるのではないでしょうか。

しかし、どんな保険でも返戻額はよくて支払額の80～90％です。退職金の事前積み立てとしてある一定額の保険の積み立ては必要ですが、支払額の10～20％は返ってきません。保

節税対策の例
社長の保険加入
銀行からの借り入れ
レバレッジド・リース
社長の出張で高額の日当、宿泊費を支払う

険料の支払いのうち10～20％はどうしても外に出てしまう余分な出費です。例えば、毎年1億円の保険料を支払い、途中解約し返戻金の80％を受け取っている会社は年間2000万円が余分に流出します。これを10年続けると2億円も余分に支払うことになります。過度の保険加入は大きな損失になると心得ましょう。

借金をして利息を払ってでも節税すべきか？

また税金を払うくらいなら銀行に利息を払ったほうがましと考え、会社はお金があれば絶対潰れないからと、借りられるだけ借りて多額の借金と余分な利息を払っている社長がいます。

利息は全額お金が出ていきますが、税金で出ていくのは30～35％です。65～70％は手元にお金が残ります。銀行に普段から借金をしていれば、いざというとき

にも融資してくれると勘違いしている社長が多くいます。銀行というところは「晴れた日に傘を持ってきて雨の日に傘を取り上げる」と言われるように、一方的に信用してはいけません。

事実、リーマン・ショックのときに、銀行は不動産業に対して融資しなくなりました。それによって倒産した会社や倒産しそうになった会社が数多くありました。うちのお客様で毎年5億～10億円の利益を出していた不動産会社もそのときに銀行から一切融資を断られました。その会社では毎年12月の忘年会に多数の銀行の支店長と担当者が招待されていましたが、その年は1行も参加していませんでした。

特に中小企業では、余分な利息の支払いをなくして、その資金を社員の賞与などに加えれば社員数が少ない分1人当たりの賞与が増え社員のモチベーションは上がります。余分な借金をして余分な利息を払って節税するよりも、はるかに前向きなお金の使い方となるのです。節税のために借金をしている社長は、こうした方法を考えてみるべきでしょう。

出張時の社長の日当を高くして節税？

また、節税できる上に、社長個人の手取り収入が増えるようにと、中小企業でよく利用されているのが出張に伴う社長の日当と宿泊費を高くすることです。

日当は会社の経費になる上に個人の所得に加算されないため、社長だけ飛び抜けて高額にしている会社があります。社長の日当が高い会社は1日3万円も支給している例があります。社長も、税金がかからない収入なのでなるべく高くして個人的に得をしようとしがちです。

私は過去の税務調査の経験から、税務上は社長の日当は5000円くらいが相場で、いくら高くても1万円くらいだとお客様に指導しています。

さらに、私は税務上のことよりも、社員がどう思うかのほうが問題だと思っています。社長と社員との間に大きな差があると、社員は社長だけが得をしていると思いがちです。あんなに高い給料を取っている上に、日当でも得をしようとするのかと不信感を持つのです。

このような社長は、得をしているようで大きな徳を失っているように思えます。社員は会社に誇りを持ち、社長を自慢したいのです。社員をガッカリさせるようなまねはしないほうが社長は長期的に得をします。宿泊費についてもほぼ同じことが言えます。

節税ばかりしている会社は自己資本比率が低く、かえって倒産しやすい

節税ばかりして法人税等を支払っていない会社は、いつまでも自己資本比率が低く、会社内に留保されている資金も少ないのが現実です。

銀行は自己資本比率の低い企業の融資に対しては高い金利を付けますし、危険な企業と判断すれば、短期の融資しかしなくなります。

利益に対する税率が35％とすると、65％は内部留保になります。毎年３０００万円の利益が出ている会社なら毎年２０００万円の内部留保ができます。長期的に見ると、10年で2億円、20年で４億円の内部留保ができるのです。高い所得税を払って役員報酬で個人的に資金をためるより法人税を払って内部留保するほうが、お金は残ります。

現在、改正された「高年齢者雇用安定法」によって社員の定年を65歳に引き上げるのが世の中の流れですが、この年齢はやがて70歳になることが予想されます。

こうした流れの中で、大企業では60歳を超えると給与を2分の1以下にする会社が大半です。しかし、中小企業では違うやり方をすべきだというのが私の持論です。65歳まで今までと同じ給与を払うことにすれば社員の生活は安定します。中小企業では大企業や公務員のように高額の退職金を払うことはできません。しかし、定年後もパートで70歳まで働けるようにすれば年金が少なくても生活できます。こうすれば、社員はもっと会社のために頑張るのではないでしょうか。今のシニア層は元気です。60歳を超えてもすべての能力が衰えるわけではありません。むしろ、経験を積んでスキルも高いままの有為で貴重な人材と考えるべきです。

古田土会計では19年から、定年を65歳から70歳に引き上げました。65歳で退職したい人には通常の退職金を払います。働き方を変えたい人はそれも認めます。そして70歳を超えて子供が学生である場合は子供の卒業まで同じ条件で働けるようにしました。また、社員は70歳からパート嘱託として80歳まで働けることにしています。

見直しのきっかけは、55歳の社員に2人目の子供が生まれたことです。すると、48歳で初めて子供が生まれた社員も現れました。そして、人は会社や社会から必要とされることで生きる価値があると感じるからです。

ただし、社員に長く働いてもらうためには、会社の財務体質が良くなければなりません。理想は無借金で預金を多く持つこと。もう1つは、高収益型の事業構造を実現して高齢者の生産性が多少落ちても十分に利益が出る会社にすることです。節税ばかりに目を向け、自己資本比率の低い経営をしていると長期的には社員を守れず、社員にも愛社精神が育ちません。そういう会社はいずれ倒産します。経営者は常に長期的な視点で経営をしなければなりません。

リスケをすると銀行からお金が借りられなくなる？

中小企業の社長にとって銀行や信用組合など金融機関からの融資は、極めて重要な案件です。経営基盤が弱い中小企業では、たとえ社業が順調で利益が出ていても取引先の倒産などで一時的に資金繰りに詰まることはよくある話です。

こうしたときに、融資を受けている金融機関に対して、一時的に返済条件を変更してもらう「リスケジュール」（リスケと略す）を依頼するかどうか。判断せざるを得ない事態が出てきます。

多くの社長は、リスケを銀行に頼んだら、会社の信用を失ってしまうと思っているのではないのでしょうか。実際に、倒産やむなしといった状況にある会社がリスケをしようとしても認めてくれる金融機関はほとんどないでしょう。ただ、今は赤字でも黒字化できたり、取引先の倒産や不渡りなどで一時的に資金繰りに詰まっているだけで十分乗り越えられたりするという場合にはリスケをためらう必要はありません。

どんなときにリスケをするのか?

もちろん、リスケは気軽に依頼するものでは絶対にありません。先ほども述べたように、資金繰りに詰まったときなどの、最後の手段と考えるべきものです。

どういうときにリスケをするか。それは、資金繰りに詰まって銀行に借り入れを申し込んでも断られたときで、なおかつ、返済を3～5年猶予してもらえれば、その間に資金をつくって危機をしのげる場合です。新規の融資は受け付けてもらえなくても、今ある借入金の元金返済額を減額してもらう交渉をして、それで浮いた分を必要な支払いや運転資金に回すのです。

借入金の返済原資の目安は利益です。体力のない中小企業ではどうしても年によって業績に波が出ます。借入金の返済額相当の利益が稼げなかったり、赤字になったりする年も出てきます。こういったときに銀行が融資をしてくれなければ資金がショートします。一時の資金ショートさえしのげれば、なんとか経営が回り、上向く企業はいくらでもあります。そういう会社にリスケを勧めるのです。ですから、借入金の返済額が多く、一時的に資金繰りのメドが立たなくなった社長はリスケを考えてみることをお勧めします。

ただし、先々の可能性も見えず、業績回復の方策も分からない状態でのリスケは意味がありません。借入金の返済条件を変えれば持ち直せる見込みがなければいけません。少なくとも営業キャッシュフローがプラスでないといけないでしょう。

リーマン・ショック前後で変わったリスケに対する感覚

リスケの相談を受ける銀行側にとってはどうでしょうか。

リーマン・ショック以前は、リスケを簡単にはのめないし、もしのんだとしてもそこは要管理債権となって、新しい資金は出せなくなるというのがメガバンクの認識でした。地銀はもう少し融通が利いたかもしれませんが、厳しいところは同じような対応だったでしょう。

ただ、リーマン・ショック後は、「中小企業金融円滑化法」が施行されて、リスケについての感覚がだいぶ変わりました。その後、経営改善計画の策定を支援するインフラが整ってきたため、銀行側も税理士や公認会計士といった専門家が支援して作られた経営改善計画なら客観的に評価できるという姿勢に変わってきています。リスケの申し入れの際に提案される利益計画書が現実味のあるものになってきていることの影響もあります。

リスケは返済条件の変更に当たり、不良債権になる恐れがあるので銀行が嫌がるのは当然です。それでも、会社側としては5年間ほどのきちんとした利益計画書を出し、その中で返済額を毎年増やしていけるような経費節減対策や資産売却案などを提案していきます。こうした対策が信頼できるものであれば、倒産させてしまうよりは、リスケを受け入れたほうがいいという判断になるのです。

ただ、複数の銀行から借り入れをしているケースでは注意が必要です。リスケをするときには全銀行に同意してもらわないといけないので、まずメインバンクの了解を取りつけてから他の銀行にお願いします。そしてリスケ後の返済額は借入返済額の何%というように各行に公平にすることです。公平であれば受け入れてもらえる可能性が高くなります。

もしリスケをして銀行の返済額をゼロにしても現金収入から現金支出を引いた経常収支が赤字であるような状態だとしたら、これは手遅れです。総じて、こういう会社は自己資本比率が低く、手元の現預金がありません。こういう会社のままでは、いざというときに、リスケをする価値がないと判断されてしまいます。

第5章

社員の報酬、社長の報酬

社長の勘違い・その26

業績を上げるために人件費を削る

「分配率」ではなく「生産性」を見るべき

一般に中小企業は人手に頼る部分が多く、労働集約的です。どうしても、売り上げや利益の規模に比べて人件費が高くなってしまいます。企業が生んだ付加価値をどれだけ労働者に還元したかを示す「労働分配率」が高くなりがちです。

会計的な数字だけを見て、会社の業績を良くしようとするなら、この労働分配率を低くする必要があります。

実は、この「労働分配率」という指標には、粗利益額に対して人件費を何%以内にするという、人件費を抑え込もうとするコスト意識が潜んでいます。中小企業では人件費をコストと見ると社員のモチベーションは下がり、社員は定着しません。中小企業では人件費はコストではなく経営の目的です。社員を幸せにするために会社が存在するからです。

一般に、労働分配率は人件費÷付加価値で計算されます。ここでは、もっと具体的に人件費

÷粗利益としています。粗利益額は、変動損益計算書（変動P／L）では売上高から変動費を引いたもので、ある期間に会社が生み出した付加価値を示します。

確かに、大企業のほとんどは、人件費を減らそうと、正社員を減らしたり外注化したりするなどします。人員削減といったリストラを行うのも、労働分配率を低くするためです。

しかし、そもそも労働集約的な中小企業にとって人材はかけがえのない大切なパワーです。人手不足の中、人をコストと考え、人件費を削って業績を良くしようとするのは本末転倒と言わざるを得ません。

中小企業の社長の仕事は、縁あって働いてくれている社員とその家族を守ることです。単に、業

績を良くすること＝労働分配率を下げることと思ってはいけません。そう思っている社長は、価値感を変えて「粗利益額を増やすことで労働生産性を上げていこう」と、頭を切り替えるべきです。

粗利益額を増やし、労働生産性を上げるという発想

労働分配率は、人件費÷粗利益額で求められますが、分子と分母を入れ替えて粗利益額÷人件費とすると、労働生産性になります。

そもそも中小企業は1人当たりの人件費が大企業に比べて低く、これ以上削りようがありません。しかし粗利益額を増やせる可能性は無限大です。

中小企業で生産性を上げることとは、粗利益額を増やすことにほかなりません。中小企業にとって人件費はコストではなくパワーですから、人件費の削減ではなく、粗利益額を増やす道を選ぶことが重要なのです。

粗利益額を増やすためには、社員と社長が協力しながらもそれぞれの役割を十分に果たしていくことが必要になります。社員は現場で創造性を発揮し、売り上げを最大化し、原価（変動費）や固定費を最小化することを考えます。

一方、経営者は、ヒト・モノ・カネという会社の資源をいかに生かすかを考えます。社員を労働生産性で評価するとすれば、経営者の評価は、粗利益額÷固定費である「固定費生産性」をいかに上げるかで決まります。ただし、粗利益額を増やそうとして、売り上げを増やすことだけに目がいっていないか気をつけてください。

売り上げが増えれば、売上債権（売掛金・受取手形）や棚卸資産が増えます。また設備や人件費への投資も伴い、借入金が増え、返済額も増えます。損益計算書上では儲かっているように見えても、お金がなくなる、すなわち、キャッシュフローが悪化します。

これでは資金が蓄積できません。

お金を増やしながら粗利益額と経常利益を増やすためには、粗利益率の改善や入金条件、支払条件の改善、そして棚卸資産の回転期間を短くすることが必要です。

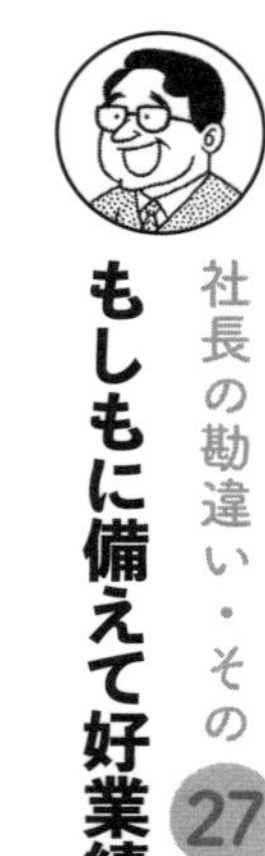

社長の勘違い・その27

もしもに備えて好業績でも賞与は出さない

業績が良ければ、社員も社長も決算賞与をもらおう

前節では、業績を上げるためには労働分配率を下げるのではなく、労働生産性を上げようという話をしました。

中小企業にとっては人件費をコストと捉えるか、パワーと捉えるかでまるで見え方が違ってきます。人件費の中でも、給料ではなく、賞与については経営者によって大きく考え方が違ってきます。中には、たとえその期の業績が良くても、将来の業績悪化に備えて賞与を出さないという社長は少なくありません。しかし、これでは社員のモチベーションは上がりません。

そもそも、日本の中小企業の4社に1社は賞与が出せていません。

このような環境で社長が「売り上げを伸ばせ！」とハッパをかけても、社員はやる気になるでしょうか。まして、業績が良くなったにもかかわらず、賞与が増えない、出ないとなればその傾向に拍車がかかります。

中には、「社長は自分が儲けたいだけだろう」と反発を覚える社員もいるかもしれません。

経営コンサルタントの中には、決算賞与を出さないように指導している人もいます。理由は「今期利益が出て社員に分配しても来期利益が出なくて決算賞与を出さないと社員は不満に思うからだ」というのです。

私は社長に次のようなお話をします。

「会社の利益に貢献してくれたのは優秀な社員です。優秀な社員は自分たちの頑張りを社長に評価してもらえることによってもっと頑張ります。もし来期の成果が出ず、決算賞与が出なくても彼らは当然だと考えます。文句や不満を言うのは仕事のできない社員です。このような人たちの意見を全社員の考えだと思ったら大きな勘違いです。

コンサルタントの意見は決算賞与を払いたくない社長に気に入られるように言っているのですよ」と。

決算賞与の出し方は次のようにします。

期首に年間目標利益を定め、それを上回ったら決算賞与を出すと、社員に約束するのです。私たちは、あらかじめこうした年間計画を含む「経営計画書」を作り、次の期が始まる直前に全社員に向けて発表会をすることをお勧めしています。

利益には税金がかかるので、利益のうち目標を上回った分を税金と決算賞与と内部留保に、3分の1ずつ回すと宣言すればいいでしょう。例えば、目標額より利益が300万円オーバーしたら、100万円が決算賞与の原資になります。

社員だけでなく自分にも決算賞与を出す

こうすれば、社員のやる気はぐんと高まります。「社員に決算賞与を出すだけでは、いまひとつ自分が張り切れない」というのであれば、自分にも決算賞与を出してはどうでしょうか。

通常、役員賞与は損金処理ができませんが、「事前確定届出」を税務署に出しておけば大丈夫です。届出書類に支給日と支給額を明記して、その通りに支払えば、社長の賞与も全額損金算入できます。

社長だって人の子です。業績次第で決算賞与がもらえるとなれば、やる気が出ますよね。自分の報酬を増やすために会社経営をしているわけではないという人にとっても、やはりうれしいものです。私も、決算賞与をもらうようにしています。

「事前確定届出」の手続きは簡単です。

一般に株主総会の後に取締役会を開きますが、ここで事前確定に関する決議をし、議事録には賞与の金額と支払い日を明記しておきます。その上で、届出書を所轄の税務署へ提出するのです。

届け出るタイミングは期首の月から4カ月以内か、株主総会から1カ月以内の、どちらか早いほう。基本的には株主総会から1カ月以内というパターンがほとんどです。

3月決算なら、「3月25日にこれくらいの利益になったら3月28日に社長への賞与をいくら支払う」などと条件を決めておいて、金額と支払日を明記して届け出ます。期日が来てこの条件をクリアしていたら、届け出通りに支払うパターンです。

昔は役員賞与が株主総会の決議事項でしたが、今ではその必要はありません。事前確定届出給与の制度ができたことにより取締役会の決議で支払えるようになったのです。

ただ、社員への決算賞与は金額が上下しても構いませんが、社長への決算賞与は事前に定めた利益額の基準に照らして、届出書に明記した日付に満額を支給するか、全く支払わないかのどちらかしか選べません。

社長の賞与はあくまでも自らの経営で生み出した利益に基づくもの。そう考えれば、実に理にかなった決め方なのです。

決算賞与も役員賞与も特別損失に計上する

会計上、決算賞与を販売管理費（販管費）に含める企業が多いのですが、特別損失に計上しましょう。決算賞与を出したことで決算書上の経常利益が減るのでは、経常利益の計画値と実績値を正しく比較できないからです。

特別損失に組み込めば、営業利益も経常利益も多く表示されるので、金融機関に対しても見栄えが良くなります。何か言われたら「利益が計画を上回ったので、決算賞与を支給した」と説明すればいいのです。税務署もそれで納得します。

特に経営計画書を作成していない会社では、決算賞与の導入はお勧めです。社長も社員も、どれくらいの利益が期末に出るだろうかと普段から気になります。すると、毎月の売り上げや経費をチェックするという習慣が、自然に身につくのです。

事前確定届出による役員賞与を販管費に含めている企業も多いのですが、こちらも特別損失に計上します。

そもそも役員賞与は株主総会で決議を取るもので、株主配当と同じ利益処分項目です。利益処分は税引後の利益で行われる上に、役員賞与は税務上損金に算入されなかったのでほとんどの中小企業では支給しませんでした。税制改正により事前確定届出賞与の手続きをして支払えば損金算入できるようになって支給されるようになりました。役員賞与を特別損失の部に計上すれば銀行の格付けや信用調査会社の評価も良くなりやすいのは、社員向けの決算賞与と同じです。

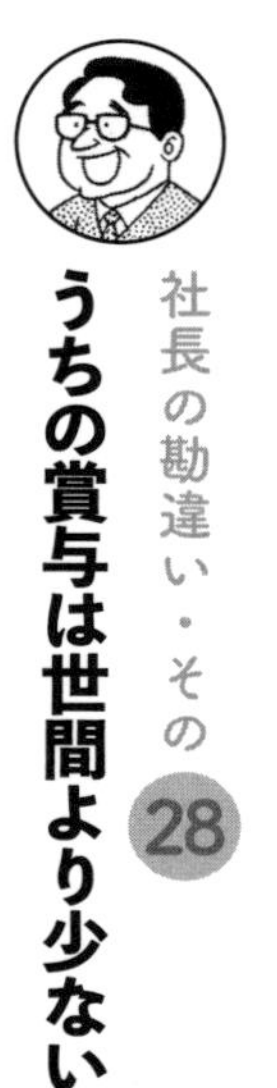

社長の勘違い・その28

うちの賞与は世間より少ない

中小企業はいくら賞与を支払うのが妥当か？

中小企業では、通常の賞与の額はどのくらい支払えばいいのでしょうか？ボーナスの季節になるたびに、自社の社員にはどのくらい支給すればいいのかと気にされる経営者は多いはずです。新聞の賃金動向調査などで、業界ごとにどれくらいの金額が支給されたのか報道されるので、いやでもこうした金額が耳に入ってきますが、これらは、いずれも大企業の金額なので、中小企業にとってはあまり参考になりません。中には、「うちの会社が払っている賞与は世間よりだいぶ少ないんじゃないか」と悩んでいる方もいるでしょう。

国税庁「民間給与実態統計調査」によると、2017年の賞与は、大企業（従業員5000人以上）では年間平均109万9000円。中小企業（同10～29人）は同42万5000円で、その差は2・5倍もあります。

賞与を除いた月給の差だけで見れば、大企業は中小企業より6～12%多い程度ですから、賃金に大きな差が生じている理由は、賞与の金額の差です。言い換えれば、中小企業がきちんと賞与を出せるようになれば、大企業との格差は縮まり、社員の満足度も上がるはずです。

中小企業がどのくらいの賞与を出しているのか、古田土会計の顧問先企業８０３社を対象にした調査で、もう少し具体的に見てみましょう。

17年夏の賞与の１人当たり平均額は、24万３０００円（平均社員数33人）。前出の国税庁の調査では、30～99人規模の会社の賞与は56万９０００円（1回当たり約28万円）ですから、平均に近い金額です。賞与ゼロの企業は25・８％と、ここ数年では最低です。業種別で見た場合、最高は不動産業の61万８０００円、最低が美容業の５万９０００円です。こうしてみると、夏と冬、１回当たり30万円の賞与を出せば、会社の規模は小さくても、古田土会計の調査での１人当たり平均額より約25％も賞与の多い優秀な企業ということになります。

もちろん、事情は会社によって違ってきます。経営が苦しく、すずめの涙ほどの賞与も支払えない会社もあるでしょう。

こうした場合、社長の報酬を年間１０００万円以下にすべきだと私は考えています。社員に賞与が払えない社長はたくさんもらってはいけません。

いくら賞与を出せるかで社長の報酬も決まる

逆に、社員に賞与をきちんと支払っているのであれば、社長は堂々と報酬を上げていいのです。賞与を1回当たり平均で24万円くらい払っているなら、その会社の社長の報酬は1200万円。1回当たり平均30万円なら、1500万〜1800万円。それ以上支払っているのであれば、社長は2400万円以上の報酬を取ってもいいのではないでしょうか。

ただし、無理をして賞与を引き上げても、会社が赤字になっては意味がありません。賞与を上げる場合は、年2回の賞与はそのままにしておき、利益が出た場合に、前節で紹介した決算賞与として利益を社員に配分するのがいいでしょう。

2017年夏の賞与実績（円）

全業種平均	242,695
卸売	295,143
飲食業	119,630
小売	273,894
建設	356,746
IT関連	234,828
不動産	618,569
製造業	272,374
印刷業	300,163
運送業	91,702
美容業	59,279
その他サービス業	237,056

出所：古田土会計賞与実態調査より

社長の勘違い・その29

社長の給料はいくら高くてもいい

社長はいくらもらえばいいのか

中小企業の社長の報酬はいくらが適正なのか……。

社長の報酬をどうするかという問題は、簡単なようで実に難しい問題です。海外企業トップの高額報酬がよく話題になりますが、日本企業の社長・会長がどのくらいの報酬をもらっているのかは大企業でもあまり知られていません。特に中小企業では参考にする例も基準も少ないのでなおさらです。

私のクライアントもいくらにすべきかを皆さん悩んでいます。もらい過ぎと思う人もいれば、少な過ぎるという人もいます。会社の規模や収益から計算できる方程式があればいいのですが、残念ながらそういった便利なものはありません。中には、自分の会社なのだから、社長の給料はいくら高くてもいいと考えている人も少なからずいます。特にオーナー企業などではよくあることです。しかし、これは大きな勘違いです。

オーナー企業といっても、縁あって働いてくれる社員がいる以上、会社は公器です。社員とその家族を食べさせていくために、必要な報酬を支給するのが社長の役割です。であるならば、自分だけ突出して高い報酬をもらっていいはずはありません。社長の給料が高過ぎて経営に支障をきたすなどということがあってはいけないのです。

では、適正な報酬はどのように決めればいいでしょうか。

前節では、自社の社員にどれだけ賞与を支払えているかで、社長の報酬を決める考え方を紹介しました。これが1つの方法です。もう1つの方法は、社長の報酬を会社の利益額によって決めることです。こちらのほうがより本質的かと思います。

私のクライアントの企業1842社にアンケー

トを取ってみたところ、実際にそのようにしている社長が多いことが分かりました。

会社の利益額に応じて社長の報酬を決める

アンケートの結果から見えてきたことは、規模による違いはありますが、社長の報酬は利益額ごとに大体そろっているということです。皆さん、自社の利益に応じて報酬を決めているのです。

実際のアンケート結果を見てみましょう。

売上高や社員数が比較的大きな会社になると、年間利益額の１～２割を社長の年間報酬にしています。年間で5億～15億円の利益を出しているところでは社長の平均月給は約400万円。2億～5億円の会社は約300万円、1億～2億円で約200万円。ちなみに、5000万から1億円の会社は150万円。1000万～5000万円の会社は100万～125万円でした。

この考え方でいくと赤字企業の場合は、年収はゼロかマイナスになってしまいますが、社長も自分と家族を養っていかなくてはなりませんから、ある程度規模が大きければそれなりの報酬額になります。

年間の赤字額が5000万〜3億円の会社では、社長の平均月給は100万円ほど。これは、次の年には黒字になるかもしれない期待値があるわけです。赤字が続けば皆さんこの報酬を下げます。

社員30人規模の典型的な中小企業で利益が1000万円以下の会社になると、社長の平均年収は1000万円ほどになってきます。月給でいうと約85万円でした。

では、同じように典型的な中小企業で儲かっていないところはどうでしょうか。実際のところ、こうした会社が中小企業では一番多いわけですが、こういう会社では平均年収は600万円ほど、月50万円くらいに抑えています。

社長の報酬は結果責任

アンケート結果を見て改めて思うのは、経営者はあくまでも結果責任だということです。社員が10人でも年3億〜4億円の利益があれば、5000万〜6000万円もらう社長がいてもいいのです。逆にいくら規模が大きくても、利益を出せていなければ高い給料のままではいけません。そういう会社は社員の賞与も少ないはずです。社長の報酬はあくまでも利益によるべきものなのです。

社長の勘違い・その30

社員のやる気は人事・給与制度で決まる

世の中には、社員のモチベーションの高い・低いは人事制度や給与制度で決まると思い込み、制度づくりにお金と時間をかけている社長がいます。

しかし、私の信奉する経営学者であり、累計70万部突破の大ベストセラー『日本でいちばん大切にしたい会社』（あさ出版）シリーズの著者でもある元法政大学教授の坂本光司先生はこの考えを否定しています。坂本先生は著書の中でおよそ次のような主張をしています。

「社員のモチベーションが高い企業と低い企業とを3年間比較研究したことがある。そこで分かったことは人事制度や給与制度はほとんどモチベーションに影響を与えない。結論はリーダーの人格、経営者や上司への信頼が薄れたときに最もモチベーションが低下することが判明しました。どんな制度をつくるかではなく、どんなリーダーがいるかが大事であって、経営者が自分自身を変えず自分以外のものをいくら変えても会社はよくなりません」

また、経営の神様として知られる経営学者のピーター・F・ドラッカー氏は、人を動かすのは何かということについて、人はアメとムチによって動くのではない。短期的には動くかもしれないけれど、長期的にモチベーションを持続させるためにアメとムチは有効ではなく、それに変わる内発的な動機づけとして「尊敬」「信頼」「貢献」が大事だと言っています。著書の『経営者の条件』(ダイヤモンド社)の前書きで「マネジメントとは、模範となることによって行うものである」とも言っているようにマネジメントとは人をコントロールする方法ではなく、自らが率先垂範することであり、これは坂本先生の調査結果とピタリと一致することを言っているわけです。

人事制度や給与制度では社員のモチベーションは上がらない

人事コンサルタントの書いた本には人事制度や給与制度を変えたら社員のモチベーションが上がり、売り上げは何倍、利益も数倍になったという話が事例としてたくさん紹介されています。

どちらが本当でしょうか。

コンサルタントという人たちは、自分の指導の実績を誇張して話をしないと自分の価値が上がらないので、このような宣伝の仕方をするのだと私は思っています。全く効果がないということではなく、そのようにうまくいく会社もあったというふうに私は理解しています。

私は中小企業の社長が人事制度や給与制度を変えれば社員のモチベーションが上がると思い込むことは大変な勘違いだと思っています。社員は社長を見抜いています。

社員は社長が自分たちのことを大切にしてくれているのか、それとも業績のための道具としか見ていないのかをしっかり感じ取っています。気づいていないのは社長だけです。

「数字が人格」などとノルマによる業績を中心に評価し、社員の成果により給与に大差をつける賃金制度は日本の中小企業の社員に受け入れられるのでしょうか。

中小企業は１つの家族であり、社長が父親、母

親となり社員とその家族を守るような経営こそ社員が求めている経営の姿ではないでしょうか。家族的なぬくもりとチーム力が強みの中小企業に、冷たい経営論を当てはめてもうまくいくはずがありません。

坂本先生の調査にあるように結論はリーダーの人格です。リーダーとは中小企業では社長のことです。社長の人格が優れている会社の社員はモチベーションが高くなるということです。社長の人格が高い経営とは社員と家族を大切にする経営、また仕入れ先、外注先など、会社を取りまくすべての人たちを幸せにする経営だと坂本先生は言っておられます。

中小企業に成果主義の人事制度・給与制度は向かない

中小企業では成果により給料に大きな差をつけるべきではないと思っています。会社には能力の高い人も低い人もいます。能力の低い人の給与を下げて辞めさせても、結局、「働きアリの法則（2対6対2の法則）」により下の2割に当たる人が出てきます。こうした人の給与を下げると社員は不安になり、普通に能力がある人が辞めていきます。これは会社にとって大きな損失です。

会社にはさまざまな能力の人がいるのが当たり前。それを念頭に社員が安心して働ける仕組みをつくることこそ社長の仕事です。２対６対２の法則でいえば、上の２割の優秀な社員がいて６割の普通の社員のモチベーションが高ければ、下の２割の人が大して業績に貢献しなくても会社は儲かります。

中小企業の業績は社長の戦略が正しければ良くなり、儲かります。中小企業では、時代の変化に対応する商品・サービスは社長が開発するものです。いくら社員が優秀でも会社の商品・サービスが時代の変化に対応していかなければ会社は潰れます。

中小企業は社長で決まるのです。社長が優秀なら社員は普通でいいのです。社長が社員を守るという心根が大事です。社長は社員を家族と思い、全社員とその家族が幸せになるような給与制度にしたらどうでしょうか。私が実践してきたのはトップのみが高額な報酬を取らないということです。私の役員報酬も全社員に公開しています。公私混同しないように総勘定元帳を社員の休憩室に配置し、毎月、貸借対照表（B／S）と損益計算書（P／L）を全社員に公開しています。社長だけが得をしていると社員に思われないことが大事だと思っています。社員に尊敬されるような社長になり社員を幸せにすることこそが社長の仕事なのです。

社長の勘違い・その31

研修費にお金をかけると会社は儲かる

教育・研修で会社が儲かるという誤解

社員教育には大きく3つあります。1つ目は売り上げに貢献する技術の教育、2つ目は社員のモチベーションを上げて利益に貢献する教育、3つ目は儲けるためではなく社員の人間性を高める教育です。

業績が悪いのは営業力が弱いからだと考えて営業力強化の研修に社員を送り込んだり、指示通りに社員が動かないのは管理職が仕事をしていないからだと思って管理職養成の研修に行かせたりする。

このようなことを続けている社長は大きな勘違いをしています。

中小企業で業績が悪いのはすべて社長の責任です。社員には一切責任がありません。社外で行うべき社員研修は売り上げに貢献する技術を磨く研修だけです。これは絶対必要です。たとえ会社が赤字でも惜しんではいけません。社員の給料が世間相場よりも低くてもです。

多くの社長が勘違いをしているのは、社員のモチベーションを上げたり、社内の整理や掃除を徹底したりさえすれば会社の業績が上がると思っていることです。このような社員教育で業績が上がるには大きな前提が１つあります。それは社員の給料が地域の相場より10％くらい高いことです。少なくとも世間相場並みでないといけません。

高い研修費を払って会社の仕事を休ませて研修に出しても、会社が社員に十分な賞与を払っていなかったり給料が低かったりしたら社員はどう思うでしょうか。社員はこんなに高い研修費を払うぐらいならなぜ給料や賞与をもっと出してくれないのかと思い、最初から社員の心のコップは伏せられています。伏せたコップにいくら水を注いでも水が入りません。周りが汚れます。結果として

社員は社長に不満を持つようになります。

業績が良く、社員の給料・賞与も世間並み以上の会社では、自社に足りないものを社外研修で補うことは大賛成です。社員も社長に感謝してくれます。しかしそうでない会社で社長がまず優先すべきことは社員の給料をまず世間並みに払える会社にすることです。できれば地域の相場よりも10％高い水準にすることです。そのために業績を上げることが社長の仕事です。

技術研修は必要ですが、それ以外に必要なことは実践です。営業は社長が自分で先頭に立って行動して実績を上げる。管理職も自分が勉強し教育する。社内整理や掃除などの環境整備も必要なのは教育や研修ではなく実践すること。社長が誰よりも先に出社して社員一人一人と笑顔で挨拶し、掃除も社員と一緒になってやる。掃除研修にお金を掛ける必要はありません。

実践も難しくありません。例えば、古田土会計も会員となっているNPO法人「日本を美しくする会」に入会して実践すれば毎回1人1000円で掃除を学べますし、実践することで会社も社員の心もピカピカになります。

私は社員教育で一番大事なのは社員の人間性を高めるための人間性教育であると信じています。ここで、人間性教育というのは実践です。座学で教えることではなく日々の仕事の中での実践であり訓練です。私は自社の経営計画書に「人柄のよい社員の確保と育成により社員の人間性を高めること。社員教育により、良い習慣を身につけ、価値感を共有できる集団になること。一番の学びの場はトイレ掃除にあります。人間性を高めるためには、学ぶだけでなく、実践すること、すなわち訓練が大事」と書きました。

古田土会計ではお客様２２００社のうち1億円以上の経常利益を出している会社67社を抽出し、利益と教育費の関係を調査しました。その平均値を見ると、経常利益2億９７００万円、社員数１１５人、教育研修費４０2万９０００円、教育研修費の経常利益に占める割合１・３％、１人当たり経常利益２６０万円、１人当たりの研修費3万５０００円となりました。

つまり、儲かっている会社でも1人当たりの研修費は5万円未満なのです。ここから、会社の業績と教育研修費の額は関係がないということが分かります。

私たち、古田土会計グループで見ると、社員２２０人、売上高19億５０００万円、経常利益3億４０００万円ですが、教育研修費は３００万円です。１人当たりでは約1万３０００円で、それもすべて技術研修費です。社員のモチベーション教育や人間性教育は経営計画書の方針を実行することによる実施教育です。基本は挨拶、掃除、朝礼の３つの文化による毎日の訓練。

私は、この３つの文化を実践して良い社風をつくり、社員の人間性を高めて豊かな人生を送ってもらいたいと願っています。実践こそが中小企業の教育・研修なのだと確信しています。

給料と賞与はできる限り現金で手渡し

中小企業でも、ある程度の規模になれば、給料や賞与は銀行振り込みで支払うことが当たり前になっています。いつも手元に現金を置いておくわけにもいきませんし、給料や賞与を現金で手渡しするのはとても手間がかかります。ですから、振り込みで払うのが当たり前というのが圧倒的多数の会社の常識ではないかと思います。

でも、私は、ある規模になるまでは、できる限り、給料と賞与は現金で手渡しするべきだと思うのです。古田土会計でも、200人弱の頃までは経理に無理を言って手渡しをしていました。さすがに大所帯となった今では、給料を直接手渡しすることができなくなりましたが、年3回の賞与は今でも直接手渡しを続けています。

手渡しする際には、もちろん従業員を呼びつけて渡すようなことはしません。パートさんを含む全従業員、一人一人の机を私が回って「1カ月働いていただいてありがとうございました」と頭を下げ、渡すようにしていました。当時の従業員は200人以下でしたので、毎月の給料日には朝から昼すぎまで、そのために時間を割いていました。

給料袋の中には明細書だけではなく、きちんと現金を入れていました。２人の社員が手分けして袋に詰めたのです。盗難が心配だと言う人がいるかもしれませんが、どうしても私は形あるもので、従業員に感謝の気持ちを伝えたかったのです。

全従業員の目を見て給料袋を手渡し、お礼を言うことで私の心が満足したのです。もっと多くの給料と賞与を払えるように、一生懸命に頑張ろうと気合も入りました。

転職してきた人たちは最初びっくりしましたが、「給料を家に持ち帰って、妻に手渡しするのはやはりいい気分です」と喜んでくれました。また、ファミリーデーなどで従業員の奥さんたちに会うと、「どうかお子さんの前で、ご主人から給料袋を受け取ってください。そしてお子さんに『お

父さんがこうして一生懸命に働いてくれるから、家族が生活できるのよ』と言ってください」と伝えました。こうすると子供が父親を尊敬し、家族が幸せになると思うのです。

個々の働きに応じて給料袋の厚みは異なりますから、同僚の分厚い袋を目の当たりにすれば「もっと努力しなければ」と自然にやる気も向上します。時代遅れと言われようとも、給料と賞与の手渡しは経営者と従業員の双方にとてもいい方法だと思います。

もちろん、会社によって事情は違うので、すべての会社にこの方法をしなさいとは言えませんが、社員の幸せを追求する社長であれば、給料と賞与の手渡しはその方針に合致しますし、社長の思いに社員が応えてくれます。給料は無理でも賞与や決算賞与は現金支給ができると思います。ぜひ試してみてください。

ちなみに、私は200万円の月給をもらっており、その1%の2万円は毎月、いろいろなところに寄付をします。従業員からも慕っていて、毎月1000円くらい寄付をしてくれる人が大勢います。現金の給料袋をもらうと、社会貢献の気持ちが増すのです。

こうして毎月1度、会社全体が感謝の心に包まれ、気合を入れ直す時間をつくります。このことが、全社一丸体制となり高収益体質を強化することにもなるのです。

第6章

「経営計画書」で儲かる会社に一直線

社長の勘違い・その32

計画通りにいかないから計画に意味はない

今の時代「経営計画書」は経営に不可欠

今どき、どんな会社でも年度ごとの利益計画を作っているはずです。でも、「経営計画書」まで作っているところはごく少数派です。たとえ作っていても実効性のあるものはあまり見られません。毎年、経営計画書を作っている会社の社長も、心中「どうせ計画通りにはいかないが、目標はあったほうがいいから作る」くらいに考えている人が多いように思います。

しかし、それではいけません。

高度成長期は、極端な話、よほどのことがない限り誰が社長をしてもうまくいった時代です。それに比べて、低成長時代の今は、格段に社長の力量が問われます。中小企業が利益を出すためには、どんな戦略を立て、それを実現するために組織をどう動かしていくかが重要です。

会社を率いる社長には計画性と緻密さ、そして大胆な実行力、財務諸表を正確に読み取り、検証し、調整する力、こういったものすべてが求められるのです。もし社長が経営の天才ならこうした力を全部持っているかもしれません。数値目標だけの計画でも利益を出せるかもしれない。しかし、ほとんどの普通の人はそうではありません。

こういう「普通の社長」たちが、確実に利益を出す経営をしようとしたら、絶対になくてはならないものが、実効性のある「経営計画書」です。

「経営計画書」は会社経営の道筋を示すもの

経営計画書とは、一言で言うなら、「その会社の経営の道筋」を書き起こしたものです。自社の強みはどこにあり、その強みを生かしてどんな商品・サービスをつくっていくのか。それによって、どれくらいの収益を上げていくか。そのためにどんな販売計画を立て実行していくのかという戦略

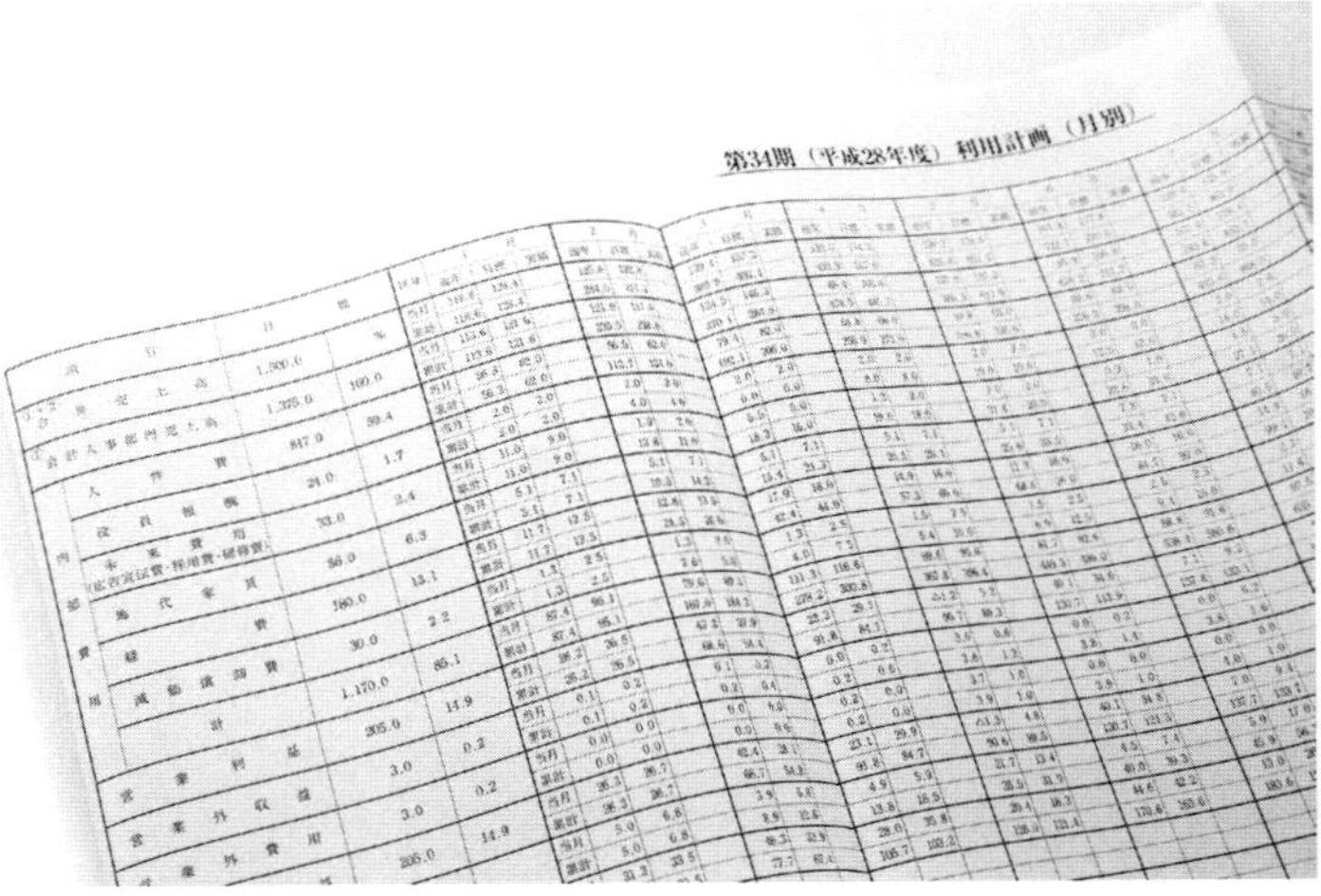

と戦術の両方を書いたものです。

社長は、こうした経営計画書を毎年、前期末までにまとめて社員と共有し、今期の1年間はこの計画書に基づいて経営のかじ取りをしていきます。そうして計画と実績を毎月見比べることで、対策を打つのです。計画は対策を打つために必要なものです。

経営計画書という言葉は新しくありませんし、既に作っている社長もいます。でも、はっきり言って、実効性のある経営計画書にはめったにお目にかかれません。計画書の作り方が分かっていない社長があまりに多いのです。もちろんその場合は、運用もできていません。

例えば数字面の経営計画書では、売り上げの計画から作る社長がいます。売り上げをいくら高めても、経常利益が出せなくては内部に蓄積することができません。売上高でも粗利益でもなく、経常利益から計画書はスタートするのです。

また、計画と今年度の実績しか書いていない利益計画がありますが、前年度の実績が入っている計画表のほうが、より変化が分かりやすいので、問題に素早く手を打つことができます。細かすぎる経営計画書も社員の士気を下げます。よく1万円単位の年間売上計画を見ますが、そんな細かい数字は誰も覚えられません。覚えられない数字は、挑戦する意欲を失わせてしまいます。本質をきちんと捉えた、ほどよい数字にする必要があるのです。

2種類の計画書が必要

実効性のある経営計画書は無手勝流では作れません。ここでは、どんな作り方をすればいいのか、大まかに説明しましょう。

経営計画書には、数字面の計画書と、経営方針を記した計画書の２種類が必要です。

通常、税理士が作るものは数字面の計画書だけで、コンサルタントが作るものは方針面の計画書が中心です。ただ、どちらか１つだけでは意味がなく、２つを組み合わせてこそ、経営計画書が実効性のあるものになります。

私たち古田土会計では、これら2種類の計画書を「諸表編」（数字編とも呼びます）、「方針編」として顧問先の企業に作ってもらっています。方針

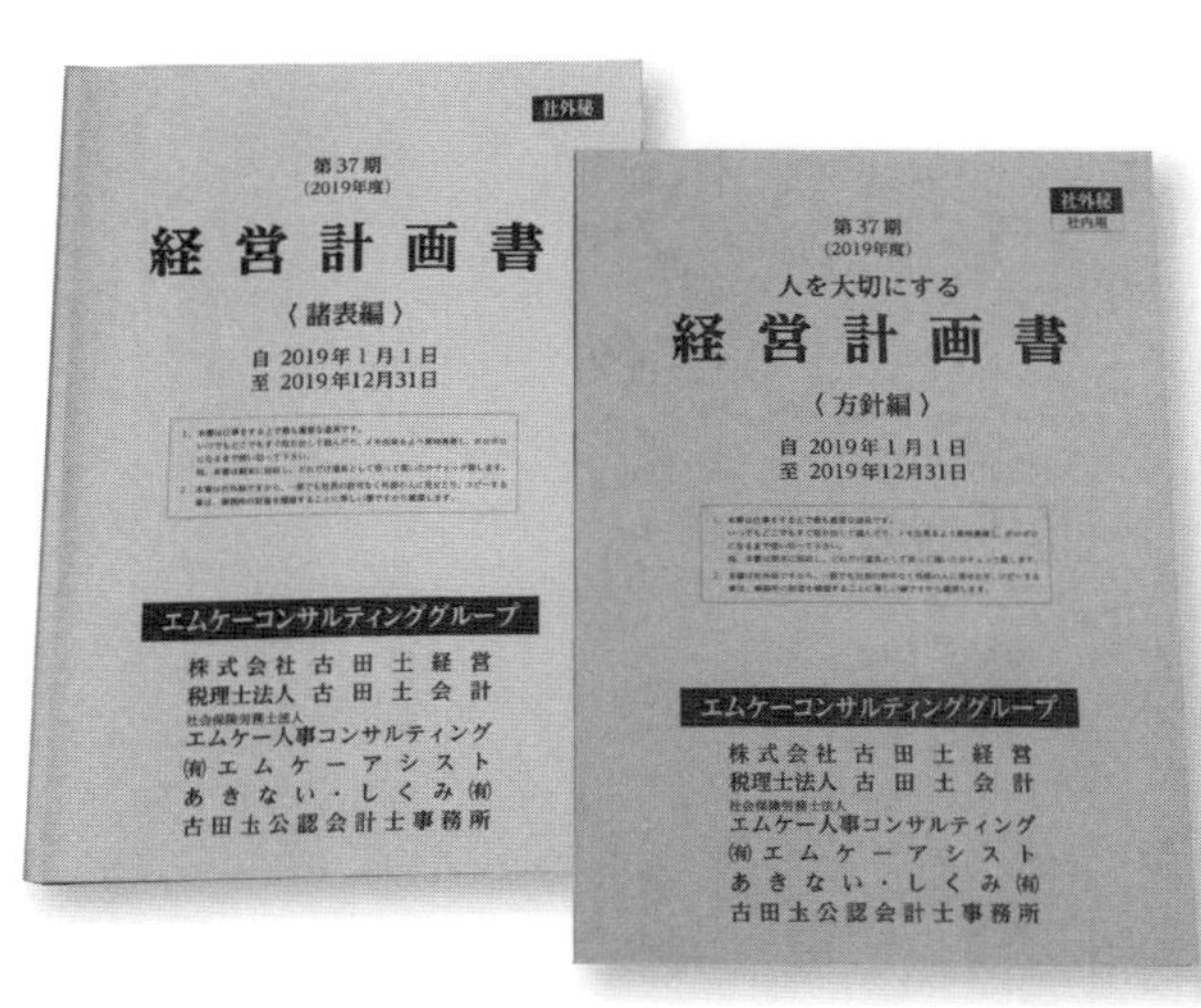

編には目標の売り上げ・利益を達成しなければならない理由が書いてあります。何のために目標を達成するのかが分かり、全社員一丸となって取り組むようになるので、業績向上につながりやすくなります。

諸表編も方針編も、作ればいいというものではありません。2種類を作っているという人も、諸表編は意識が高い人以外は税理士任せにしている人が多いですし、方針編を作っている社長でも、期初にまとめて、あとは自分の机の中にしまい込んでいるという人が少なくありません。

経営計画書で大事な要素は3つ

経営計画書の中で必要最小限の要素は「短期利益計画」「中期事業計画」「長期事業計画」の3つとなります。

短期利益計画は諸表編に含まれるもので、すなわち1年間の利益計画です。1つの表で12カ月間の前年実績、目標、当年実績を当月と累計で比較します。諸表編には短期利益計画と、商品別や得意先別の販売計画も含まれます。これらは数字のみで方針などは一切書きません。

方針編には、中期事業計画や長期事業計画が含まれ、このほか社長の使命感、会社の経営理念などを書きます。中期事業計画は年度ごとに5カ年計画を立てます。ここで事業とは商品・

サービスのことですから、現在の事業に加えて中期的に展開する新商品・新サービスの販売計画と、それを実現するための戦略・戦術を書きます。事業によって会社の未来が決まるので、中期事業計画が事業の核と言えます。

長期事業計画には未来像を描きます。社員が社長から一番聞きたいのは自分たちの未来です。それを知るために会社の未来像を知りたいのです。ここに社員の未来像が書いてあると社員は安心と希望が得られます。また、会社のために自分が何をすればよいかが分かるので会社の目標達成のために協力してくれます。

経営計画書の方針編には何のために業績を達成しなければならないのかが書かれていて、諸表編の数字とは一体となっています。数字が仏だとすれば方針編は魂です。数字のみの計画書では「仏つくって魂入れず」の例えの通り、役に立ちません。

経営計画書には丸で囲んだ最低限３つの計画を盛り込む

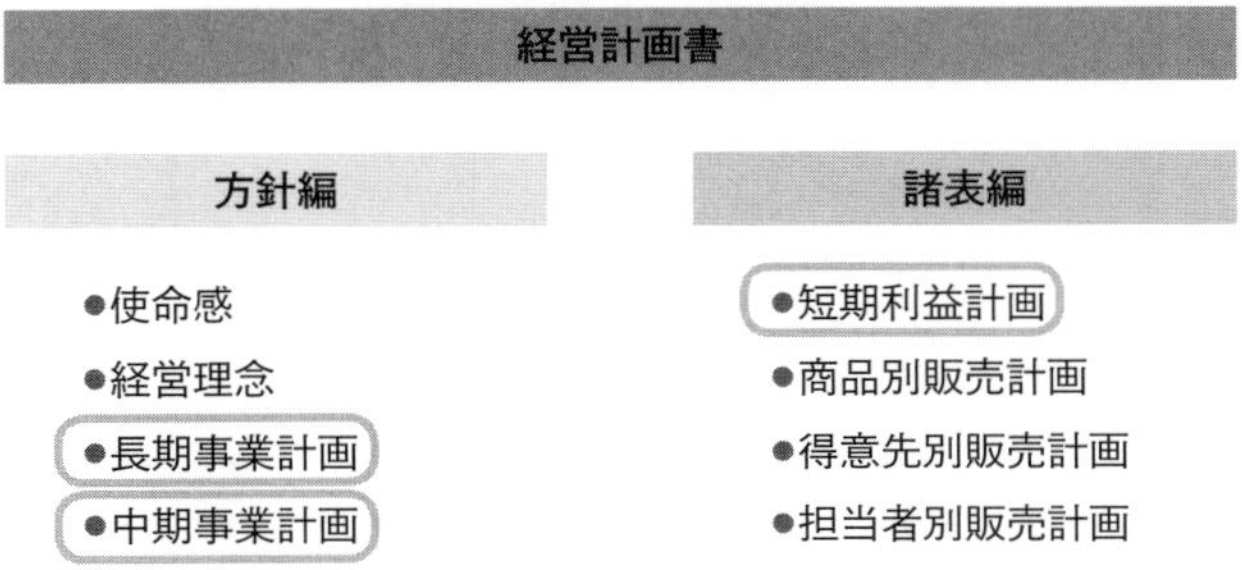

経営計画書	
方針編	諸表編
●使命感	●短期利益計画
●経営理念	●商品別販売計画
●長期事業計画	●得意先別販売計画
●中期事業計画	●担当者別販売計画

これらの計画書の中で一番最初に作るべきものは数字のところ、1年間の短期利益計画と販売計画です。これを作成し、毎月の計画と実績を比較して対策を打つようにします。方針編は計画を進めながら作ればいいでしょう。

本来はトップダウンで方針編から作りたいところですが、なかなか簡単にはいきません。まずは1年間の短期利益計画を作り、実際に経営を進めながら方針編を作っていきましょう。このときのコツは他社の優れた経営計画書を手に入れてまねすることです。運用しながら作り込んでいけば改善点が見つかり、新しい気づきも出てきます。こうしたことを加えながら、書き直していけばよいのです。

経営計画書は運用しながら作り込んでいく

私たち古田土会計では、毎月、全社員が諸表編を携えて集まり、計画の達成度を全員で確認しています。方針編についても日々、そこに記された内容を実践し、「もっとこうしたほうがいいな」と思い当たれば、みんなで計画書に書き足しています。

口で言うだけではなく、前述の通り、社員の休憩室には総勘定元帳を置いています。社長の給料も、損益計算書（P／L）も貸借対照表（B／S）も全部公開しています。会社の事業や財務の状況を全社員にオープンにして、経営計画書と突き合わせられるようにしているのです。そうすると社員は納得ずくで利益を上げようとします。また、社長が、公私混同をしなくなるという効能もあります。社長も人の子、私利私欲はあります。それをきちんと切り分けられるようにするのです。

方針編と諸表編、２種類の経営計画書を作り、それを日々、組織の中で躍動させることで強じんな高収益体質と人づくりの仕組みを手に入れることができます。

私も昔は苦労しました。大学卒業後、すぐに公認会計士の資格を取得し、監査法人で働き30歳で独立しました。でも、なかなか社員が定着してくれませんでした。雇っては辞め、また次の人を雇っては辞め、というつらい状況がしばらく続きました。

悶々と苦しむ中で、心の経営を説くイエローハット創業者の鍵山秀三郎さんや、京セラ創業者の稲盛和夫さん、一倉定先生の本に出合い、少しずつ経営の仕方を改めていきました。東に、素晴らしい会社をつくった人がいれば行って学び、西に、名経営者がいると聞けば飛んで行きました。人に学び、経営のあり方を考え抜いた先に、経営計画書を軸にした今のかたちに行き着いたのです。もし皆さんが、経営に悩んでいるなら、ぜひ経営計画書を作り活用してみてください。

社長の勘違い・その33

経営計画書は社員を鼓舞するためのもの

社員が一丸となるために必要な「経営計画書」

世の中には、計画を立てるのは社員に目標を与えて鼓舞するためのものと思っている社長がいます。そこまでではないにしても、多くの社長は、計画は目標設定のためにあると考えています。

ですから、「今年の売り上げは前年比20%増で12億円、経常利益は1億円を目指す！」などと目標値を設定し、そのゴールに向かって社員たちを駆り立てようとします。しかし、それでいいのでしょうか。もしあなたもそうであるなら、一度よく考えてみる必要があります。

あなたの立てた計画に対して社員は喜んで働いてくれているか？

単なるノルマではなく自分ごとだと感じてくれているか？

社長が言い出したことに社員は納得しているか？

実は、答えは既に分かっているのではないでしょうか。

そう、これらの問いに対する答えはすべてNOなのです。

中小企業の社長なら、これまでも、どうして社員はついてきてくれないのか、表向きは喜んで従ってくれているように見えるけれど実は面従腹背ではないだろうか、などと悩んだことが少なからずあるはずです。

単に売り上げや利益のゴールを示すだけの計画には、社員は共感してくれません。そこには共感できる「使命感」や「経営理念」がないからです。まして中小企業で社長は絶対的な権力者です。社長が立てた計画は、社員にとっては従わざるを得ないノルマでしかないのです。そのままでは、社員が喜んで受け入れてくれるわけはありません。

「経営計画書」の根幹は「使命感」と「経営理念」

経営計画で一番必要なものは、社員たちが共感できる「使命感」と「経営理念」です。たとえ最初の経営計画書が利益計画など数字中心のものからスタートしたものであっても、どこかの時点で（できるだけ早く）この2つの「基本方針」を明確に示す必要があります。

前者の「使命感」は、社長の経営哲学の根幹であり、文字通り会社の使命や目的です。縁あって人が集い働いてくれる会社は、それだけで社会の公器です。その使命や企業としての目的を社員やお客様に語り、共有していただけるものでなくてはいけません。決して、社長1人の野心や夢だけが前面に出た独りよがりのものであってはいけないのです。

基本的には、世のため、人のためという志がなくては社員にもお客様にも共有してもらえませんし、その上で単純明快に一言で言い切れるものでなくてはなかなか伝わりません。

社長は、こうした志のある使命や企業目的を、自らの来し方行く末を考え抜き、経営計画書の「使命感」として明確に示す必要があります。

古田土会計の例で言えば、私のそもそもの夢であり、願いでもある「日本中の中小企業を元気にする」というものが「使命感」です。左ページにその例を示しました。古田土会計グループをまとめる古田土経営の現社長、飯島彰仁が私の「使命感」を引き継ぎ作ってくれたものです。私たちのお客様である中小企業をすべて元気にしたいという志を込めたものです。

ただ、「使命感」はこのままではいくら志にあふれたものでも社長1人の夢であり、願いです。社員がみんな共感してくれるわけではありません。社員全員が社長の「使命感」を共有してくれるように、「経営計画書」のもう1つの柱である「経営理念」を作ります。

使命感

（志・世のため、人のため）

日本中の中小企業を元気にする

（単純明快でなければなかなか浸透しない）

私達の夢

私達の夢は、日本で一番お客様から喜ばれる数の多い
会計事務所になることです。

① 私達の夢は、お客様に技術を売る前に、経営理念と一人一人の人間性を伝わるように伝え、日本中の中小企業の成長と全従業員そしてその家族が幸せになるお手伝いをして、お客様から喜ばれることです。

② 私達の夢は、全従業員が経営理念のもとに、同じ価値観を共有し、使命感に燃えて熱き心で仕事をして、会社も社員もお客様の「モデル」になることです。そして、「理念の金太郎飴」をめざすことです。

③ 私達の夢は、心の温かい会社、心根のやさしい人間の集団になること。そして、社員とその家族に真に喜ばれる会社になることです。

挑戦と創造で古田土会計グループを日本で一番の会計事務所にします。一番とは「一番お客様に喜ばれる会計事務所」ということです。決して一番儲けるということではありません。生産性だの利益率だのという賢い会計事務所にならない。只、お客様に喜ばれる商品・サービスを提供することに専心する馬鹿のような会計人になる。立派な自社ビルや広い住まいは、求めなくても、お客様に喜ばれる仕事をしていれば、必ずお客様が与えてくれる。

古田土会計の「使命感」は主にお客に対して語りかけるもの

社員と共有する「経営理念」

「使命感」が主としてお客様に語り、共有するものであるのに対して、「経営理念」は主として社員に語りかけ、彼らと共有するものです。

簡単に言えば、「使命感」に書いた企業目的をなぜ全社一丸となって追い求めるのか？という理由になります。古田土会計の例なら、誰かから「なぜ、あなたは、日本中の中小企業を元気にしたいのですか？」と問われたときの答えです。

単に「それが儲かるから」とか「この商品が素晴らしいと思うから」といった表面的なものであっては誰も共感してくれません。考えに考え抜かなければ出てきません。社長の人生観・使命感・哲学に直結することです。

私自身も答えにたどり着くまで何年も悩みに悩みました。

そして、出した結論は「中小企業は、業績中心の経営ではなく、社員と家族を大切にし、会社と縁のあるすべての人々を幸せにする経営をしなければならない」ということだったのです。もっと平たく言うと「働いてくれている人を幸せにすること、そして会社を取りまくすべての人々を幸せにして社会に貢献すること」です。

経営理念

（志・全社員で共有するもの）

一、社員の幸せを追求し、人間性を高める。

（１）一生あなたと家族を守る。

（会社が全従業員に約束します。）

（２）よい習慣を身につける。

（良樹細根、人間の成功は、知識の多さや努力の積み重ねによるものではない。何が人を成功に導くかというと、それは「習慣」である）

（３）常に考え行動する。

（人様にどうしたら喜ばれ、感謝されるか考働する）

二、お客様に喜ばれ、感謝される。

（１）原理・原則にのっとった正しい経営をするように導く。

（正しい経営とは「人を大切にする経営」のことです）

（２）数字に強い経営者・幹部・社員を育てる。

（数字作成ではなく数字教育をする。“古田土式”月次決算書と経営計画書が最高の道具）

人が幸せになるために会社があります。人が幸せになるとは、お金を稼ぐことでも、名誉を得ることでもありません。人としての「思いやり」「熱意ある誠実さ」「素直さ」「感謝する心」「心の美しさ」などの資質を高めることです。会社は人間性を高める場所です。人間性は苦労して初めて磨かれていくものです。よって苦労することを我々は生き甲斐とする。

○会社は人が幸せになるためにあるが、幸せになるためには、自分以外の多くの人を幸せにすること。しかし、人間は習慣によって行動しているから、人のためより自分が先になる。習慣を変えるためには、経営理念が必要。具体的には、行動を変えないと習慣は変わらない。行動を変えるためには、繰り返しの力である挨拶と掃除。

○利益ではなく理念が評価される時代、長寿企業（P. 207）は利益本位ではない理念を掲げている。

「経営理念」は社員に対して伝え、互いに共有するためのものこの答えにたどり着いた後も20年以上、社員の先頭に立って3000社以上の中小企業の経営を見ながら、会社は何のために存在するのか、正しい経営とはどのような経営なのかをずっと考え続けてきましたが、確信は揺らぐどころかますます強くなる一方です。売り上げ、利益は手段であり、会社の成長すら手段なのです。決して目的ではありません。

古田土会計の経営計画書では「経営理念」として、「社員の幸せを追求し、人間性を高める」ことと「お客様に喜ばれ、感謝される」ことを明確にうたっています。この経営理念を全社員で共有することによって、社長の使命感を社員が自分ごととして感じてくれています。

私の心の師である経営コンサルタントの一倉定先生も「経営計画書は、社員の心に革命をもたらし、会社に奇跡をもたらす『魔法の書』である」と言われています。

「経営計画書」が社員の心に革命をもたらすためには、「使命感」や「経営理念」を自分ごととして共有してもらうことが何よりも大切です。社員一人一人が会社の仕事を一生懸命にすることが、自分の幸せに結びつくと感じられるようにすることこそが経営者の責務なのです。

ですから、こういうことを可能にする経営計画書には、社員とお客様に共感していただける「使命感」と「経営理念」があります。この2つこそが何よりも重要であり、実は「経営計画書」の柱なのです。

「使命感」「経営理念」を書いたら、未来像を描こう

経営計画書の中で、「使命感」「経営理念」に直結してくるものが長期事業計画です。別の言葉で言い換えれば「その会社の未来像」を描くものになります。

今の時代、中小企業の社員は誰もが自分の未来に不安を抱いています。いずれ会社を辞めたときに年金だけの収入になったとしたらどうなるのか。定年退職してから年金が出るまでの間、路頭に迷うのではないか。年金が出たとしてもそれだけでは生活できず少なくとも2000万円分が不足するという話もあります。自分はこのままこの会社で働いていて大丈夫なんだろうか、家族を養っていけるんだろうかと考えるのは当たり前のことです。

大企業と違って中小企業はたくさんの退職金は払えませんし、そもそもの給料・賞与も少ない。でも、長く働いてもらうことはできます。それを長期事業計画の中に描いていけばいいのです。社員の未来のために、こういうふうに売り上げを立て、利益を出し、このように社員に報いていく、ということを明確にするのです。

社員はそういう自分の未来が描かれていれば、今の仕事を頑張っていこうと前向きに考えることができます。それが長期事業計画の大きな役割です。

長期事業計画の中で描く「未来像」には3つの姿が見えるようにします。1つは「社員の未来像」、2つ目は「組織の未来像」、3つ目は「事業の未来像」です。

ここで、強調しておきたいのは、何よりも「社員の未来像」がハッキリ見えるようにすることです。ほとんどの社員にとって一番の関心事は自分の未来です。社長のことでも会社のことでもありません。自分の未来がどうなるのか？　そのために会社や事業の未来が知りたいのです。

一方の社長も同じ人間です、自分と家族のことが一番大事です。しかも、社長は社外のコンサルタントなどに相談する機会があります。彼らが見ているのは社長のこと。極論すれば社長しか見ていません。どうしたら社長が得をするか、どうしたら社長の財産が残るか、そういったことを中心に考えます。この結果、社長は、社長第一主義の方向で会社の未来像を描きがちです。

当然、社員の給料を差し置いて会社の節税に走ったり、自分の日当を社員より格段に高くしたりすることがあります。自分の損得で考えてしまうわけです。社長も人間である以上、私利私欲があるのは当然です。しかし、それは別枠で考えることです。

自分ファーストでしか考えられない社長はいくら美辞麗句で飾っても必ず社員から見透かさ

れます。尊敬もされません。何千社も見てきた私の経験では、こうした社長はいずれ社員の信頼をなくし、会社の財務体質はとても悪くなります。こうしたことを肝に銘じて、私利私欲の部分はひとまず横に置き、長期事業計画では社員本位、つまり社員第一主義の未来像を描くようにしてください。

社長の勘違い・その34

年間計画は売り上げ目標から立てる

社員の幸せのために利益目標から考える

初めて経営計画書を作る人は、短期利益計画の作成が一番最初です。慣れてきたら、方針書を先に作り、そこからの流れで短期利益計画を立てるのが理想です。

方針編に書かれた「使命感」や「経営理念」がいくら立派でも、地に足の着いた1年間の経営目標、つまり短期利益計画が出来ていなければ、計画書は単なる絵に描いた餅です。全く意味はありません。

こうした短期利益計画を立てる際に、多くの経営者が犯してしまう過ちがあります。それは、今の売り上げから考えて、売り上げを何%増にしたいから、その売り上げに対する利益はこのくらいという順に計算して決めるやり方です。

しかし、これは間違いです。前節でも申し上げましたが、会社は「社員の幸せを追求し、社員とその家族を守る」ことを経営理念とすべきです。このためには、売り上げからではなく、どれくらい利益を上げるのか（上げなくてはいけないのか）から考えなくてはいけません。

利益を出すことは美しい

利益とは、全社員が知恵を出し合って得るものです。物理学者でありながら、『成長の原理』『創造の原理』などの著書で全国の経営者から信奉を集めた元佐賀大学学長の上原春男氏は『成長の原理』の中で、「企業の利益は、企業における創造性の総和である」と、ずばり言い表しています。

会計的には、売り上げから経費を引いたものが利益です。けれど経営的には、利益は単なる差額ではありません。会計士の私がこんなことを言うのは変かもしれませんが、利益を出すことは美しい行為と捉えるべきでしょう。

古田土会計の経営計画書にはこう書いています。「利益とは、社員と家族を守るためのコストであり、会社存続のための事業存続費である」「利益を出すことは美しいこと。全社員の努力と知恵のたまもの。正しく、誠実に商売して利益を出すことは誇りである」。

利益は、社員の生活を守る原資であり、だから美しいのです。十分に内部留保がなかったら、会社が不測の事態で損害賠償を余儀なくされたり、天変地異で営業停止になったりしたとき、社員を守れません。

この利益の考え方を経営計画書に書く、というのがポイントです。聞くだけでは忘れたり、人によって解釈が違ったりします。利益の定義や意味を社内文書に明記し、利益を出すことの美しさ、大切さを社員にしっかり理解してもらうのです。

そうすれば、社員は利益を増やそうと自ら創意工夫をします。利益の意味を理解していないと「利益は全部、分配してほしい」と考える社員が出てくるかもしれません。利益は余ったもの、と誤解している社員は結構多いのです。

経営者の中にも、利益がたくさん出そうな場合、節税に走る人がいますが、それでは「利益を出すことはやましい」と言っているようなものです。そんな会社に、社員は誇りを持てるでしょうか。

税金を払わなければ内部留保は増えず、社員とその家族を守ることもできません。正当に利益を出すことがいかに美しく、大切なことか、その点を改めて見つめ直すことが、高収益体質の第一歩です。こうした経営の前提として、会社は全社員のものであり、社員が幸せになるために会社が存在するという理念を立てることが不可欠です。会社は株主のものという考え方では、社員の協力を得られず、全社員一丸体制による高収益企業の実現は難しいのです。

社員とその家族を守るためにはいくらの利益を出すべきか

このように、短期利益計画は、利益は何のために存在するのかから書き起こします。社長がお金持ちになるためではなく、あくまで社員とその家族を守るために利益を出すのです。そこからスタートして、今年はいくらの利益を上げ、そのためにはどれだけ売り上げが必要なのかを実績と社会の情勢から決めます。次ページに「会社の利益は社員とその家族を守るためにある」という「経営理念」からスタートして、短期利益目標の利益（経常利益）と売上高を導き出す流れを示しました。ぜひ参考にしてください。

社員と家族を守るためにいくらの利益が必要か？

**利益とは、社員とその家族を守るための
コストであり、事業存続費である**

▼

潰れない会社にするために、1人当たり1000万円の純資産額（内部蓄積）を目指そう	借り入れを毎月返済しても今の預金が減らないだけの利益が必要だ	社員のために決算賞与を前期よりも多く払えるだけの利益増加額をベースにしよう

▼

（1）そのため、来期はこの利益を目標にする必要がある

▼

（2）来期はこのくらいの固定費がかかるだろう

▼

**（3）ということは、（1）＋（2）に当たる
粗利益を稼がなければいけない**

▼

**（4）自社の粗利益率から考えると、
来期はこれだけの売上高が必要だ**

ここでは、数年かけて1人当たりの純資産額でいつかは1000万円を目指そうというイメージ。このために、来期はまず第1ステップとして1000万円の経常利益は出しておきたいといった目標になる

B／SやP／Lをよく読み込み、必要な利益を算出

「利益とは、社員とその家族を守るためのコストであり、事業存続費である」というところからスタートして、今年度の経常利益を算出しています。

このときに、経営計画策定時点での貸借対照表（B／S）をよく読み込み、自己資本比率や借入金の残高、現預金の額などを把握した上で、自分の会社をより潰れにくい会社にするために今年度はいくら内部留保をすればいいのか、借入金の返済をしても現預金が減らないようにするために必要な利益はいくらか、決算賞与を払うことを目指し、そのために利益をいくら増やせばいいのか、といったことを考慮して来期の目指すべき利益を計算します。

あとは、固定費や粗利益率については、前期までの数年間の損益計算書（P／L）をひもとけばすぐに分かるはずですから、目標とする売上高が算出できます。

B／Sからは自己資本比率、現預金と借入金などの金融負債と信用負債、在庫など。P／Lからは固定費、粗利益率、粗利益額など。さらに、社員の数、社会の情勢の中で考慮すべき指標などから内部留保の目標が出せるはずです。この内部留保が出せるだけの税引後利益はいくらかが分かり、さらにそこから経常利益の目標値が導き出せます。

社長の勘違い・その35

計画の達成度は、達成率（％）で見る

目標と実績の差は、「率」ではなく、「額」で見るべし！

「経営計画書」で作成した単年度の短期利益計画（その期の経営目標を数字で示したもの）は、年間計画だけでなく、月次計画に展開しておきます。この月次計画を手元に置いて、毎月、計画と実績の差をチェックし、どのくらい達成できたのかを見ながら経営のかじを取っていきます。問題があれば原因を突き止め、随時対処していく必要がありますし、大きなビジネスチャンスが来ていれば、リソースを投入してさらに収益を拡大することもあります。

私たち古田土会計では、月次計画書に実績を手で書き入れて、達成状況をチェックすることをお勧めしています。

計画と実績の記入をする際に、ありがちなミスが、計画と実績の差を金額ではなく、達成率で書いてしまうパターンです。利益計画を立てている会社でよく見られるのが、売上高が「対前年比10％増」、経常利益が「対計画比30％増」といった表現が飛び交う例です。しかし、古

田土式経営では、パーセントで見るのはやめましょうと言っています。計画と実績の差は、絶対値、つまり金額で見ていかなくてはいけません。

例えば、当期の経営目標で年間目標利益を3億円と定めた場合を考えましょう。締め日まであと1カ月を残して11カ月分の目標経常利益2億7500万円に対して2億7000万円の利益が出ているとします。計画書の月次実績累計に2億7000万円と書くのはいいですが、98％と達成率を記すのは駄目なのです。正しくは率でなく、金額でマイナス500万円と書くのです。

率で書くと、どうなるでしょうか。不思議なもので、人は「98％も達成している」と満足してしまうのです。

一方、金額で書くと「11カ月分の2億7500

万円に対して500万円足りない」と焦ります。12カ月目で不足額500万円をカバーするためには3000万円の利益を出さなければならないので請求書を出せそうな取引先はないか、経費を削減できないかと動き回り、最終的に目標を達成できることが多いのです。

「額でも率でも、どっちでもいいじゃないか」などと考えてはいけません。

利益、特に経常利益は内部留保に直結します。その数字に執着するには、率でなく、額で捉えることが絶対条件なのです。高収益体質は、こうした細部の姿勢から身に付いていくのです。差額と達成率の両方を表記する会社もありますが、達成率のほうに目を奪われかねません。だから古田土会計の経営計画書では、達成率を書く欄は設けていません。差額のみを手書きで、計画書に記入しています。

差額で捉えることでモチベーションを上げる方法

社員のモチベーションを高める上でも、利益を額で捉えることは有効です。

中小企業の25%程度は、定期賞与を出せていません。しかし定期賞与が出せなくても、経常利益が目標額を超えたら、決算賞与を支給するといいのです。もちろん、定期賞与を支給した上で、決算賞与を出せるようになることが一番なのは言うまでもありません。

利益が目標額を上回ったときに決算賞与を出すようにしている会社では、利益を上回った金額の大きさに応じて決算賞与の額も変わるようにし、目標値との差を金額で見るようにしておくと、さらに好循環が生まれます。利益目標を上回った分だけ自分の決算賞与に反映されるのですから、社員にとって自分ごとになり、自ら積極的に工夫をしてくれるようになります。

例えば、１０００万円の利益計画に対し、１３００万円の経常利益が出たら、超過分の３００万円の３分の１に当たる１００万円を決算賞与で社員に分配するとします。３分の１にするのは、利益を決算賞与、内部蓄積、税金に３等分するという発想です。社員10人の会社なら、１人当たり10万円を支給できます。こうすれば、社員全員でその達成に向かう大きな動機づけになります。

目標と実績の差を見るのは、率よりも額のほうが断然いいのです。

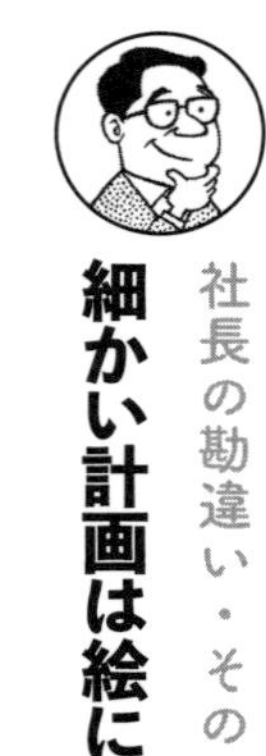

社長の勘違い・その36

細かい計画は絵に描いた餅。年度目標だけでいい

年度目標を具体的な戦術に落とし込む

計画は細か過ぎると絵に描いた餅になるなどと言って、経営計画は年度利益計画を立て、それを大まかに月次に展開したものくらいしか作らないという経営者がいます。

確かに、あまりに細か過ぎる目標は絵に描いた餅です。しかし、目標は、年度利益計画や月次利益計画だけで達成できるものではありません。それだけでは、商品やサービスを誰に対して誰がどのように売るのか、という具体的な戦術が見えてこないため、社員一人一人が自ら考えて動くことができないのです。そうできるようにするためには、年度利益計画や月次利益計画を「商品別販売計画」や「担当者別販売計画」といった、具体的な目標にまで落とし込む必要があります。これらは、いわば、具体的な戦術を示す作戦指示書のようなものと思えばいいでしょう。

売り上げ目標は達成できるが、十分な利益が出ない……。そんな悩みを抱えている経営者は多いと思います。理由はおそらく、商品別販売計画を立てていないからです。

商品別販売計画とは、どの商品（ここではサービスも含めて商品としています）をどれくらい売るかをまとめたものです。それぞれの商品について原価を計算し、粗利益額も記入します。

こうした細かな販売計画がなければ、営業社員は売りやすい商品を売ろうとします。売りやすいものは利幅が薄く、逆にお客にとっては値頃感が高い商品です。お客が喜ぶからといってそんな商品ばかりを売ると、当然、粗利益は伸び悩みます。

粗利益率が高いものは大体、新商品です。顧客にメリットはありますが、説明を尽くさないと売れない商品です。こうした商品をしっかり売るためには、トップが販売計画を立てなければなり

ません。それに沿って社員が動くから、目標とする利益（粗利益）が達成できるのです。なお、得意先別の販売計画を作る経営者は多いのですが、それは取引動向を把握するためのもので、商品別販売計画とは全く別物です。

商品ごとに原価計算をするのが面倒という人は、最初は勘でもいいので粗利益率を記入しましょう。経営者なら「この商品の粗利益率はこれくらいだろう」というイメージがあるはずです。ざっくりとした数字でいいので、それを商品ごとに書いて販売計画を作成します。「商品Aは250個売ろう」などと目標の数字が示されると、社員の動き方は変わります。

商品別販売計画を活用すれば、販売戦略も明快になります。計画より実績が上回れば、市場はその商品を強く求めているのですから、さらに営業に注力します。実績が計画を下回れば、まず経営者の指示通りに社員が動いたかどうかをチェックします。指示通りに社員が行動したのに計画を下回っていたら、商品の仕様や販売手法をテコ入れすればよいのです。

この考え方については、一倉定先生がよく話されていました。私はそれに加え、前年実績を上回ったが、計画より下回っている商品は重点商品として販促を強化します。計画は言ってみれば会社の思い込みですから、目標を誤って高くし過ぎることもあるからです。前年実績を下回っている商品は、市場ニーズとずれてきた可能性があるので、重点商品から外すことを検討します。

このように商品別販売計画を立てると、販売戦略の道筋がくっきりと見えるのです。年度の利益計画や商品別販売計画は百万円単位で小数点第１位まで記入します。中小企業は売り上げ規模が大きくない会社が多いので、10万円単位まで分かるととても運用しやすいのです。

千円単位の担当者別販売計画を立てる

「商品別販売計画」に加えて「担当者別販売計画」も立てることが有効です。

古田土会計では、担当者（担当顧客を持つ社員）ごとに年間販売計画を立てます。年間計画は「１８００万円」というようにざっくりした数値ですが、月々の計画は千円単位で設定してもらいます。ただし、単純に12カ月で割るような、12等分はしません。

ある担当者の年間計画が１８００万円だったとすると「毎月１５０万円（１８００万円÷12カ月）」という計画はダメです。平均値では、本人の思いが全くこもらないからです。前年実績を参照しながら、合計で１８００万円になるように、月々の目標を千円単位で積み上げるのです。

例えばこんな感じです。

「3月の年度末は頑張るぞ。昨年より10万8000円プラスの計画を立てよう」「5月に新製品が出るから、6月は新規顧客の開拓に力を入れて215万5000円を売ろう」

このように千円単位で目標を立てると、社員は年間を通してどんな働き方をしようかと、頭の中に具体的なイメージを描きます。「なぜ、この月はこの額なのか」と考えるので、数字が意味を持ち、担当者の思いが詰まった数字になるのです。

自分で一生懸命に考えた計画ですから、達成したら喜びは格別ですし、翌月はもっと頑張ろうという気になります。逆に、計画に達しなかったら「どうすれば年度末までに10万4000円のマイナスを取り戻せるだろうか」と創意工夫します。年間計画を単純に12等分したものでは、こうした

自発的な行動にはつながりません。

また、仕事の仕方をイメージしながら千円単位で計画を積み上げると、年間計画が妥当かどうかという見極めもできます。計画は、会社の都合を押しつけるノルマではありません。年間計画のハードルが高過ぎると本人が判断すれば、上司と相談の上、計画を下げればいいのです。

業種によっては商品・サービスの単価が高く、千円単位より万円単位で計画を立てたほうがいい企業もあるでしょう。逆に百円単位、一円単位にするともっと効果が上がるのではと考える人がいるかもしれませんが、あまりに細かい数字では現実味が薄くなります。

多くの企業を指導してきた経験からすると、売り上げの規模にもよりますが、中小企業の場合、担当者別の販売計画はやはり千円単位にすることがお勧めです。

あまり大きな単位にしてしまうと、月の売り上げの変動や抱えている得意先の状況によって、動きが見えにくくなってしまいますし、あまり大まか過ぎると数字に緊張感がなくなってしまうからです。

このように見てくると、数字というのは単なる記号ではなく、人間の考え方や行動様式を変える素晴らしい力を持っているのだと、私はつくづく思うのです。

社長の勘違い・その37

計画と実績の比較は管理職や経営陣がする

個人の実績を「全員発表、全員記入」

高収益体質を手に入れるためには、会社と個人の目標を整理した経営計画書を作るのが基本です。もちろん作るだけではダメで、達成できなくては意味がありません。このためには、計画と実績の差を毎月チェックし、対策を打っていく必要があります。

では、そのチェックは誰がするのでしょうか。

ほとんどの会社では、まず部門をまとめる管理職がチェックし、だんだんとその上司へと報告が上がっていき、最終的に経営者のところに届くような仕組みになっていると思います。ですから、多くの社長は、計画と実績のチェックは管理職が行い、最後に自分がするものと思っているでしょう。しかし、これは間違いです。社員一人一人の創意工夫を引き出すためには、社長ではなく社員自身が自分でチェックし、考えるようにしなければなりません。

私がお勧めするのは、前節で説明した「担当者別販売計画」を使って、「社員全員がチェックし、全員発表、全員記入」する方法です。

古田土会計ではこの方法を実践してきました。また、私たちが支援する中小企業でも同じようにすることで着実に業績を伸ばしています。

社員が自らチェックし、全員で発表する場合は、実際に一堂に会することが望ましいでしょう。ただし、社員数が増えてきたら、社内メールで全員が同時共有するやり方でも構いません。会社の規模によって決めればいいでしょう。

当社では、従業員数が２２０人を超えるまでは、30年間、パートさんを含む全従業員を広めの会議室に集め、全員で売り上げの発表会を続けてきました。「先月の私の売り上げは〇〇万円でした！」と１人ずつ発表し、その数字を他の人が手書きで、自分の経営計画書に書き写していくので

す。200人近い社員全員が同じ経営計画書を持ち（ここには手書きで記入できる担当者別販売計画も含まれています）、全員が発表、全員で書き込むのでかなり壮観です。リアルな場ならではの一体感と高揚が生まれます。

もちろん、メールやネットのツールなどで毎月の実績値を一斉に配信し、全員が同時に共有するやり方でも構いません。記録として全員が共有できれば、ある種の競争原理が働いて客観的な自己分析もしやすくなるので、こちらにもメリットはあります。古田土会計でも社員数が220人を超えた今では社内メールでの情報共有にして効果を出しています。

ただ、会社の規模が小さいうちは、できるだけ全員が一堂に会して発表する方法を取るようにしてください。リアルな場での情報共有は、経営計画を実現しようという一体感とエネルギーを生み出します。古田土会計でも30年間この共有方法を続けてきたから、ネットでの共有に移行しても効果が出ているのです。社員が100人未満なら30分もかかりませんので、ぜひトライしてみることをお勧めします。

中には、個人別の月間目標に届かない人もいますが、何も言いません。叱責したらかわいそうですし、むしろやる気を失わせてしまいます。全員で発表・共有するので「自分も負けてはいられない」と自然に思うものです。社員の個人目標はノルマではなく、社員が成長するために必要なものです。社員にもそう信じてもらうことが必要で、それが社長の仕事です。社長は経営計画書にもそのことを明示し、常日頃、社員に向かってそう言い続けなければいけません。

全社員という中には、正社員以外にパートさんも含めます。古田土会計ではパートさんは顧問先から直接売り上げを得ることはありませんが「月次決算書を作ったら顧問料の1割を受け取る」など、社員のサポートをすれば売り上げの一部が分配されるルールをつくっています。このような仕組みとルールをつくれば、パートさんも売り上げを発表することができます。

こうしたことは規模の小さな中小企業だからこそ可能です。個人別に売り上げを立てることが難しい業種・職種の場合は、チーム別にしてもいいでしょう。

一般の企業では、月次報告会は、部課長以上、あるいは営業部門だけで実施することが多いので、全員参加型の報告を取り入れることはなかなか難しいと思います。しかし、全員で報告し、共有するからこそ、従業員のモチベーションが高まるのです。ぜひ試してみてください。

古田土会計のクライアント企業で、全員で個人の実績を発表・共有しているところは、従業員全員が目標達成のために努力し、成果を挙げています。全員が一丸となれば、高収益体質に向けて大きく前進するのです。

社長の勘違い・その38

計画の未達は厳しく追及するべき

社員に嫌われる数字の使い方

「担当者別販売計画」を使い、社員の毎月の売り上げ目標を千円単位で細かく定めると、社員が数字に関心を持ち、計画と実績の差について自ら考えを巡らせ、行動が前向きになります。

ただ、同じように数値目標を立てても、効果が上がらないどころか、むしろ社員が後ろ向きになるケースがあります。「数字が人格だ」などと、社長や管理職が社員一人一人の計画未達を厳しく叱ったり、「なぜなんだ?」などと追い込むように原因追及をする場合がそうです。

こうした会社では、うまく運用できているところとは真逆の結果になることがよくあるのです。

「数字が人格だ」などと言う社長は、その言葉が自分に返ります。こういう会社の社員は、全体の目標が達成できないのは社長の責任で社長の人格が低いからだと思います。

では、社員が自ら前向きに動く会社と、そうでない会社の差はどこで生じるのでしょうか。

答えは、目的の違いです。

たとえ「経営計画書」の「経営理念」で「社員第一主義」を明確にうたっていても、実はそうなっていない会社がほとんどです。こうした会社は、いくら美辞麗句を重ねていても、経営陣の最終目的は売り上げや利益です。社員はそれを見抜きます。目標数字は社員にとって苦痛極まりない存在になります。

売り上げや利益で目標を達成できないとき、社長が社員に怒ってしまえば、社員としては「うちの社長は数字にしか関心がないのか！」と、「経営計画書」や「経営理念」に疑いを持ちます。最悪の場合は、辞める社員が相次ぐ事態にもつながります。

この場合、数字はプレッシャーをかける役目しかなく、社員の前向きな行動には全く結びつきま

せん。経営者の自己満足や管理職の出世のために、社員に目標の数字を設定させる思惑が少しでも垣間見えると、社員は途端にやる気を失うのです。

数値目標を立てるのは、あくまでも社員自身に成長してもらうためであり、社員の幸せのためです。社長が心底そう思っている会社では、社員は敏感に察知し、自発的に動きます。

もし、あなたが心からの確信を持って社員の幸せのためと言い切れないなら、一度「経営計画書」の「経営理念」のところに立ち戻って考え直す必要があります。

社員にとって、数字は自分がどれくらい頑張ったかという成長度合いを確かめるための〝資料〟です。社員の頑張りの結果として会社が発展するのであり、会社を成長させるために社員をこき使うようなことがあってはなりません。ですから、目標に達しなかった社員を怒ってはいけないのです。目標の未達を怒るのは社長が「社員第一主義」ではないからです。社員は縁あって会社に集い、社長の目指す「使命」のために一緒に働いてくれているかけがえのない仲間です。

ただし、仕事の手抜きをしたり、不正をしたり、不倫、セクハラ、パワハラをしたり、また、会社の方針通りに動かず、いつまでも自分中心の仕事をしている社員は厳しく指導します。叱ります。賞与の査定で大幅に減額します。内容によっては退職してもらうこともあります。

私たちはプロであり、お客様に最高の商品・サービスを提供しなければなりません。能力がなくても一生懸命やっている人は他の人に支援してもらえればよい仕事はできます。しかし、能力があるのに手を抜いている社員は本気で叱り、時には処罰しなければいけないのです。

怒るのではなく、一緒に考える

社長がやるべきことは、どうすれば目標を達成できるのかを冷静に考えることです。古田土会計では、社長や上司が社員と話し合い、目標と実績の差を解消する方法を一緒に探ります。そうすることで、社員は自分がどのように頑張ればいいのかが明確になります。もちろん、社員の目標を下げることもあります。例えばクライアントからのクレームが多い社員には、毎月の面談をして、担当企業を減らすなどの調整をします。

そもそも中小企業では、数字が達成するもしないも、すべて社長の責任です。戦略が正しく、商品・サービスが良ければ数字はおしなべて上がります。「みんな、このままでは予算割れだぞ！」と社員を叱り飛ばすのは、天に向かって唾するも同然なのです。

数字が持つ力はとても強いものです。まして「経営計画書」に書かれた目標の数字の持つ力は想像以上です。社員にとっては毎月チェックするというよりは毎日目にし、心のどこかに残るものです。社員の心を前向きにも、後ろ向きにもするもの。そのことをよく心に銘じましょう。

社長の勘違い・その39

肝心な数字は社員には見せない

経営計画書を運用するなら、数字はすべてオープン

古田土式の「経営計画書」を作成・活用していくときには、財務諸表や経営についてのこと細かな情報を社員に対してオープンにする必要があります。

中小企業の場合、経営についての細かい情報を外部に対してはもちろんのこと、社員に対しても見えないように秘匿しているところがあります。

こうした会社の社長のほとんどは、肝心な数字は社員には見せるべきではない、と考えているようです。経営は経営者がすることであり、社員はその命令に従って働けばいいというやり方なのでしょう。しかし、会社は規模が小さくても社会の公器です。それは株式非公開のオーナー企業でも変わりません。

経営に関する数字を隠すのは今や時代錯誤の誤った考え方で、私は「昭和の経営だ」と言っています。古田土会計では社員の休憩室に総勘定元帳を置いて、誰もが閲覧できるようにしています。

総勘定元帳とは「現金」「売掛金」「買掛金」などの勘定科目ごとに日々の収入、支出を整理した帳簿です。これを見れば、現時点で会社に現金や売掛金がいくらあるのかがすぐ分かります。

また社員の努力は月次決算書に表れますから、損益計算書（P／L）と貸借対照表（B／S）をパートさんを含めた全社員に毎月配ります。「数字に強い会計事務所だから、社内で総勘定元帳や月次決算書をオープンにするのは当然」と思うかもしれませんが、それは誤解です。普通の会計事務所ではここまでしません。総勘定元帳を見せていると同業者に話すと、驚かれます。

加えて、私の役員報酬も公開しています。月額200万円です。古田土会計の公開算定基準にの

っとり、私利私欲を排除して計算しています。妻の実家に住まわせてもらっていますし、趣味は仕事なので、十分すぎる額です。

公私混同をやめるなら、今です

トップが自分の報酬を公開できないのは「社員の給料の額に比べて自分はもらい過ぎている」という負い目が心のどこかにあるからだと思います。経費や利益を隠すのも「こんなに儲かっているなら、もっと給料を増やして」と社員から突き上げられるのが怖いからでしょう。

私も、私利私欲に駆られることはあります。しかし、社員とその家族を守るためには、会社にお金をしっかりとためなければなりません。そのために、あの手この手で自分を戒め、公私混同をしないように心がけてきました。自分は弱い人間だと知っているからこそ、公私混同をしないようにB／S、P／L、総勘定元帳、役員報酬を公開しているのです。また私だけが得をしているのではないかと社員に疑われたくない気持ちもあります。

昔は、公私混同している経営者をたくさん見かけました。経費で高価な私物やマンションなどを購入する人が数多くいました。高級車を社用車としてあたかも自分の車として使ったり、親族を形ばかりの役員に据えて多額の報酬を払ったりするのも同じことです。社員の給料が右肩上がりに増えた時代なら、社員も大目に見てくれました。けれど、今は時代が変わりました。あれこれと私腹を肥やす社長からは社員の心が離れ、いずれ会社を辞めていきます。

もしあなたの会社で社員の定着率が低いようなら、第三者の目で自分の公私混同がないかどうかを、チェックしてください。必ずどこかにそうした問題が潜んでいます。社員には分からないようにうまく隠しているつもりでも、必ずにじみ出ているものがあります。ほとんどの社員は気がついています。

また、私は社員と食事をして全額を私が払う場合には、領収書をもらわないようにしています。領収書をもらうと社員は会社の経費に落とすためだと思ってしまうからです。口ではお礼を言っても、社員はその心の中で「社長は自分の飲食代も会社の経費で落としている」と勘ぐっているのです。

何しろ今は人手不足ですから、社員からすれば転職先はいくらでもあります。ネット上で他の会社の情報はいくらでも手に入ります。公私混同をする社長の会社とはさっさと縁を切るでしょう。

今の時代、中小企業にとって組織力の強化は業績向上の必須条件です。隠蔽体質の会社から、良い社風、強い組織は決して生まれません。皆さんの周りの会社を見てください。時代に敏感な経営者、業績を伸ばしている経営者の多くは、会社の数字をオープンにしているはずです。

実は、公私混同と決別できるかどうかは中小企業の経営にとって、とても大きなテーマといえるのです。

「経営計画書」を作り、運用していくなら、さまざまな数字をオープンにしていくことになりますから、こうした公私混同とは無縁の会社になります。「経営計画書」を作ると決めて、公私混同のない、社会の公器としてふさわしい会社にしてみてはいかがでしょうか。

社長の勘違い・その40

経営計画は幹部から上意下達で浸透

数字に魂を入れる「経営計画発表会」

経営計画書の内容をどのように社員に伝えるのかは実はとても大切な問題です。せっかく時間をかけて実効的な計画ができたとしても、社員に正しく伝わらなければ全く意味がありません。

規模の大きな会社では、社長や役員を中心にまとめた経営計画を、幹部社員に共有し、各部門ごとの会議で社員に浸透させていくのが一般的です。いわゆる上意下達の落とし込みです。しかし、このやり方では、絶対に社員に浸透しません。「経営計画」を社員全員に浸透させるためには、パート社員を含めた全社員に対して「経営計画発表会」を開催することが必須なのです。

私たち古田土会計では創業記念日の１月11日に、毎年、経営計画発表会を開催します。例年、「１」の数字にこだわり、午後１時11分にスタートさせています。

今では、当社の全従業員のほか、同業の税理士の方々、顧問先の経営者などにもご来場いただき、総勢800人近くの盛会となっています。この人数は、社内ではとても入り切りませんから、近くのホールを借りて開催しています。

発表会では、まず社長が、今期の経営計画を心を込めて熱く語ります。数字目標と、どんな会社づくりをしていきたいのかという戦略を説明します。そして従業員代表として役員に、社長の方針に協力する旨を誓ってもらいます。

誤解を恐れずに言えば、経営計画発表会は儀式です。中身を伝えるには、形はとても大事なものです。ですから、私たちの発表会は来客を含めて全員が起立して「君が代」を斉唱するところからスタートします。これで発表会の場に熱が入りま

す。

社長は発表会の最初に、長期的にどのように社員とその家族を幸せにするかを丁寧に熱く語っていきます。全社員が、社長の発表を真剣に聞くのは自分たちの未来に対する方針がしっかり語られるからです。社長が語る長期事業計画の中心は社員の未来像です。

経営計画書は毎年書き換えており、特に基本方針は社長が１人で考え抜くものです。毎年書き換える際に、一番の主眼となるのは社員の未来像をハッキリと描けているかどうかです。例えば、ある期に重点的に発表したのは、従業員の処遇についての未来像です。少し具体的に見てみましょう。

「高給与を実現すること（東京の同業者の10％高を目安とする）」「全従業員が遅くとも夜８時には退社すること」「終身雇用制とすること」「定年は70歳とすること」などとしました。

このように、長期事業計画では、社員がリアルにイメージできるように明確な未来像を語っていきます。発表会で最も肝心なところだといえます。

このあと数字面についても重要なところを発表していきます。この数字については、会社全体の利益計画と商品別の利益計画を社長が作成します。一方、チーム別、個人別の販売計画は前年12月の第１金曜に全従業員が出社し、チームごとに目標数字を検討し、それを全体の計画と擦り合わせて作ります。

社内外に宣言し、共有することで完成する経営計画書

経営計画書発表会は、こうした経営方針、数字目標を社内外に宣言し、共有する場です。目標を実現するには従業員の協力が必要ですから、従業員が未来に夢や希望が持てる経営計画書を一緒に作ること。これが高収益体質を生むポイントです。

数字だけの計画書を作っても従業員の協力は得られません。私は、他社の経営計画発表会に足を運ぶこともありますが、社長の経営理念やロマンがあまり伝わってこなかったり、社員の未来像をほとんど書いていなかったりする経営計画書がたくさんあります。それでは魂がこもっていません。

当社の発表会に顧問先の経営者など社外の方を招くのは、自らが手本となり、従業員と家族が喜ぶ経営計画書を作ってほしいからです。社員と家族を幸せにする経営は中小企業だからこそできます。社長たった1人の思いで全社員と家族を幸せにできるからです。

社長は社員第一主義、社員はお客様第一主義に立つのです。

最初は、たとえ社内限定でも構いませんから、経営計画発表会を開いてもらいたいのです。

だまされたと思って、一度やってみてください。

社内限定であっても全社員を前に経営計画発表会をすることは、生半可な覚悟ではできません。社長として腹をくくる必要があります。そして、経営計画書に魂を込める最後の作業でもあります。発表会を経た計画書の数字には魂が入り、社長、幹部、従業員が一体となって目標達成に動き始めます。

実例で見る、古田土式「経営計画発表会」

「経営計画発表会」をいざやろうとすると、どんな準備をすればいいのか、注意すべきところはどんなところか、など実務的にはいろいろと詰めておかないといけないことが出てきます。ここでは、古田土会計が「経営計画発表会」をどのように開催しているか、実際の式次第やうまく開催するためのちょっとしたコツやヒントをご紹介します。最初からフル装備の発表会をやる必要はありません。私たちの開催方法を参考に、できるところからやってみてください。

古田土会計グループの経営計画発表会は、原則として毎年1月11日、午後1時11分より行っています。1月11日が創業記念日だからです。

一般的には、来期の方針発表をするという主旨ですので、新しい期が始まる前の決算月に開催することをお勧めします。

当日は以下のようなスケジュールになっています。

第1部　基調講演（90分）
第2部　経営計画発表
・開会の辞
・国家斉唱
・社長の方針発表（90分）
・幹部による実行宣言
・閉会の辞
第3部　懇親会（90分）
・来賓挨拶、乾杯の挨拶
・社員表彰（永年勤続や優秀社員賞など）
・役職昇進などの辞令交付
・社員による出し物や映像（創業時の映像、会社の未来をイメージした映像など）
・締めの挨拶

古田土会計のお客様が開催する経営計画発表会では、決算賞与を社長が手配りしたり、懇親会に社員の家族を招いて行う場合もあります。基調講演は必ずしも行う必要はありません。しかし、社長自身が方針などを話すだけではなく、外部講師の方にも経営計画の意味などを代弁してもらったほうがより伝わることもあります。全社員がそろっている場ですので、社長と同じ理念や考え方をお持ちの方にお話ししていただくのがよいでしょう。また、方向性は似ていて、違う角度から新たな知見が得られるような方をお招きするのもいいでしょう。

経営計画発表会は、経営者の掲げる未来像を社員と共有するための大事な儀式です。「いつもの会議でのいつもの社長の話」と社員に思われてしまっては、社長の真剣な方針発表が伝わらなくなってしまいます。そのためのコツがいくつかあります。

(1)会場は会社内ではなく、外部の施設で行いましょう。ホテルの会議室や、公共施設の貸会議室を借りるのがお勧めです。

(2)式典ですので、普段は制服や作業着の社員の皆さんも全員、スーツ・ネクタイ着用です。

(3)社員以外に、取引のある金融機関や仕入先・外注先、お知り合いの経営者など、自社を応援してくれる第三者もお呼びすると、全社員が緊張感を持ってくれます。このときに基調講演があると外部の方にとっても、参加すれば新しい話や参考になる話が聞けるというインセンティブにもなります。

⑷社長が最初から最後まで、発表会を進行するのではなく、社員の1人を「司会」として立てると、より引き締まったイベントになります。

当日配布する経営計画書は、全社員が仕事をする上で最も重要な「道具」です。1年間使う大切な道具ですから、ただプリンターで印刷したものをホチキスやクリップで留めて配るのではなく、しっかりと印刷・製本することをお勧めします。それだけ大切だという認識を持ってもらうためです。

古田土会計では、印刷・製本された経営計画書を全社員と参加されるお客様の机に当日置いておき、「経営計画発表会が始まるまで開封はご遠慮ください」と書いた紙帯で封をしています。社長の合図があるまで開封ができませんので、社員は「今回の経営計画書にはどんな内容が書いてあるんだろう」と会が始まるまでのワクワク感と緊張感がより高まります。

古田土会計では、運営スタッフの決定、会場の予約、基調講演の講師決定や懇親会の企画など、半年前から社員が準備を進めます。1年で最も大切なイベントとして社員全員で取り組むことも、社員に一体感を持たせる上で大切な要素となっています。

経営計画発表会は年に1度の大きなイベントですから、社員にとって準備はそれなりに大変です。中には日々の業務で手いっぱいなのに面倒だと思う人も出てきます。ですから、社長は、社員一人一人の未来のためのイベントであるということを常に社員に語りかけ、その思いを共有してもらうようにします。こうすることで、社員一人一人が、経営計画発表会を自分ごととして自ら準備・運営するのだという気持ちになってくれるのです。

おわりに

本書をここまで読み進めていただいた皆さん、いかがでしたでしょうか？

中小企業の場合、社長の勘違いがいかに危険なことであり、多くの勘違いが財務の本質をよく理解していないために起こっていることがお分かりになったことと思います。

しかし、損益計算書（P/L）と貸借対照表（B/S）、キャッシュフロー計算書（C/F）などの財務諸表の本質を理解し、経営分析ツールとして使いこなしながら経営を進めていけば、会社を危機に陥れる勘違いを犯すことはどんどん減っていきます。さらに、本書で紹介した資金別貸借対照表（資金別B/S）や経営計画書まで活用できれば、自分1人で最終決断をしなくてはならない中小企業の社長にとってこれほど心強いものはありません。

私も、1人の経営者として本書に書いたことを自ら実践して経営のかじ取りをしてきました。お客様に教えるだけではなく、自らが実践してそれをまねていただく。お客様のモデルになることをひたすら目指して、本書に書いた経営ノウハウを実践してきました。その結果、古田土会計の業績は創業以来一度の赤字もなく、37年連続増収、売上高経常利益率20%、無借金、自己資本比率90%超というところまで来ました。

本書に書いた内容は自らの経営の中で培い、磨き上げてきた経営手法の本質であり、そのエッセンスです。ぜひ本書を手元に置いて活用していただきたいと思っています。

また、本書でお伝えしたかったのは、財務のノウハウだけではありません。もう1つの柱は、中小企業の社長は社員にとってどういう存在であるべきかという理念です。中小企業の社長は一生、社員と社員の家族を守ることが求められます。どんな優れたノウハウもこうした理念がなければ意味がありません。そして理念は社風に表れます。

皆さん、ぜひ一度、古田土会計に来てください。社風は我が社の朝礼や社員の挨拶を見ていただければすぐに分かります。本書の内容をもっと知りたいと思う方、財務・経営の悩みを抱えている方は、我が社に来たらぜひ私に相談してください。必ずやお役に立てるはずです。

最後に、本書をまとめるに当たり、私と数え切れないほどの議論を繰り返し、内容を深めてくれた弊社執行役員の川名徹さんに深く感謝します。彼がいなければ本書は成立しませんでした。また一部の原稿を執筆してくれた森尾勝俊さん、私の後に古田土会計グループの古田土経営社長を引き継いでくれた飯島彰仁さん、そしてすべての社員に心から感謝して筆を置きます。

2019年11月吉日　古田土 満

古田土 満（こだと・みつる）

1952年生まれ。76年3月、法政大学経営学部卒。公認会計士、税理士。監査法人勤務を経て、83年1月に東京・江戸川で古田土会計士税理士事務所（現古田土会計）を開業。「古田土式・経営計画書」を武器に、経営指導と会計指導を両方展開。約2200社の中小企業を顧客に抱える。著書に『小さな会社の財務 コレだけ!』（日経BP）など

熱血会計士が教える
会社を潰す社長の財務！ 勘違い

2019年11月18日　初版第1刷発行
2021年 3 月24日　初版第6刷発行

著者……古田土 満
発行者……伊藤暢人
発行……日経BP
発売……日経BPマーケティング
〒105-8308
東京都港区虎ノ門4-3-12
編集……宮坂賢一（日経トップリーダー）
編集協力……谷生 聡、本荘そのこ
イラスト……高田真弓
装丁・カバーデザイン……石垣由梨（ISSHIKI／デジカル）
カバー写真……鈴木愛子
校閲……聚珍社
本文デザイン……SONICBANG CO.,
印刷・製本……図書印刷株式会社

ISBN978-4-296-10450-5